2018广西财经学院博士科研启动基金“基于SAAS云平台即时型绩效游戏系统构建与应用实践研究”（K9-9999-15-00-00-015）；本专著由广西财经学院管理科学与工程学科建设经费资助。

卓越领导者

——提升领导艺术

狄振鹏 

沈阳出版发行集团
沈阳出版社

图书在版编目（CIP）数据

卓越领导者：提升领导艺术 / 狄振鹏著. -- 沈阳：沈阳出版社, 2020.8

ISBN 978-7-5716-1330-3

Ⅰ.①卓… Ⅱ.①狄… Ⅲ.①企业领导学 Ⅳ.①F272.91

中国版本图书馆CIP数据核字(2020)第161675号

出版发行：沈阳出版发行集团 | 沈阳出版社
（地址：沈阳市沈河区南翰林路 10 号　邮编：110011）
网　　址：http://www.sycbs.com
印　　刷：定州启航印刷有限公司
幅面尺寸：170mm × 240mm
印　　张：11.75
字　　数：248 千字
出版时间：2020 年 8 月第 1 版
印刷时间：2020 年 8 月第 1 次印刷
责任编辑：周　阳
封面设计：优盛文化
版式设计：优盛文化
责任校对：李　赫
责任监印：杨　旭

书　　号：ISBN 978-7-5716-1330-3
定　　价：46.00 元

联系电话：024-24112447
E - mail：sy24112447@163.com

本书若有印装质量问题，影响阅读，请与出版社联系调换。

前 言

从管理走向领导是必要的成长阶梯

大多数的管理者都是从基层一线的业务骨干晋升为团队管理者，经过三至五年的团队管理实践，基本能够初步掌握目标管理、绩效管理、问题分析解决的基本方法和技巧。随着团队规模的扩大、人数的增多、新生代员工的加入以及管理职位的晋升，管理的挑战难度和复杂程度也与日俱增。

管理者面对这些管理挑战，如果继续保持着管理惯性，只是停留在完成任务、达成目标上就远远不够了，此时，管理者的目光需要从“事”和“物”上移开，开始聚焦于“人”和“人心”，人可以分为个体的人（下属员工）和集体的人群（团队组织），人心就是指人的内在思想、情感和价值观，综合起来就是人的个人价值。管理者面对“人”和“人心”时，需要更加高超的技巧，需要能够肯定人、关心人、激励人、培养人、引导人、激发人，激发员工的内在驱动力，树立正确的信念和价值观，进行职业生涯规划和人生管理，提升和实现员工的自我价值，这些方面的工作就不是过去完成任务的“管理”了，而是“领导”的范畴，即管理者的高级阶段是领导者。

“领导”一词，“领”是引领，“导”是指导。领导不再使用强制性、刚性的“霹雳”管理手段，而是采取激励性、柔性的引导和教化方法。面向新时代00后的年轻人，如果仍然采取传统管理手段，显然已经过时了，普通管理者也需要开始掌握领导方法，学习领导艺术，管理手段也需要从原来偏硬的、刚性的简单粗暴方式，逐步转移为偏软的、柔性的春风拂面、润物细无声的领导方式，现在的年轻“后浪”们，不好管呀！不新增加两把刷子，搞不定年轻人呢！

如果管理者是从基层的业务骨干走向管理岗位，那么领导者就是管理者从刚性的管理技能走向柔性的领导艺术，从聚焦于“事”的管理转变为聚焦于“人”的领导。从管理走向领导，这是管理者的一次自我升华，提升领导艺术，成为一名卓越的领导者。

如何才能成为一名卓越的领导者呢？正是本书的核心内容和研究主题，希望能够给大多数领导者一些必要的指引。本书一共分为八章，第一章领导者创新思维，第二章经理人心智修炼，第三章公众演讲与表达的技巧，第四章员工激励的体系，第五章教导与培养下属，第六章有效授权的技巧，第七章高效团队的建设，第八章卓越情境领导力。分为三个板块：第一至三章为第一板块，对象是自己，主要是领导者的自我修炼，建立自我的创新思维，进行必要的心智修炼，提高公众演讲和表达的技巧。第二板块是第四至六章，对象是员工个体，主要内容是员工激励、教导培育和有效授权。第三板块是第七、八章，是指集体、团体，包含团队建设、情境领导和柔性领导。

从自我修炼到领导员工，再到塑造有战斗力的团队，并能够因地制宜地应对处理好各种管理情境，这样一步一步地阶梯式螺旋式发展上升，逐步成为一名卓越的领导者。正如“水”的特性一样顺势而为，上善若水任方圆，掌握了高超领导艺术的领导者，就像“水”一样能够挥洒自如，打造一个具有强吸引力的正能量场，能够直指人心、激发潜能，把员工价值与组织价值协同起来，达到一种共生共赢的状态，既能够让员工发展，又能让企业兴旺。

卓越的领导者天生具有强大的磁场，就像磁铁一样，用人格魅力和领导艺术，使下属员工紧紧团结在领导者的周围，发挥每位员工的潜能，为了组织的共同利益和共同目标而努力奋斗。

卓越的领导者不断自我成长，将逐步成为组织的领袖和灵魂！

目 录

第一章　领导者创新思维

卓越的领导者首先应该掌握正确的、创新性的思维方式。影响人类行为的关键因素是信念、思想和思维。一个领导者会采取什么样的领导行动，取决于他的思想观念和思维模式。心理专家研究中国人的行为习惯与心理思维的关系，发现中国人发生的很多普遍现象，是由我们习惯性的思维所决定的，所以我们就会表现出一些常见的习惯行为。这些在国人看来是很正常的行为，可是在外国人看来就觉得匪夷所思、不可理解，因为思维决定了人类的行为。

中国人的思维局限比较多，在思维创新方面还需要进一步加强。领导者需要不断地突破传统思维的条条框框，才能真正地从过去的中国制造迈向中国创造和中国“智”造，才能够推动企业迈上一个更好的新台阶、新平台。

第一节　领导者常见思维误区

一、管理情境：如何降低员工的流失率?

我们来分析一个企业里面常见的管理情境：如何减缓员工的流失率?

企业里面有很多的工作，是需要多个部门共同协助才能完成的，影响因素也是涉及方方面面，比如说新员工、一线工人的流失率等等，相关的影响因素会涉及招聘选才的人事部门、具体用人部门、直接主管、工作加班的强度和公司的福利待遇，甚至交通环境是否便利、团队的氛围、企业的文化等等。某一时期的员工流失率过高了，应该怎么办呢?

当大家（各部门主管、团队负责人或岗位责任人）坐在一起检讨这个问题的时候，最常见的现象就是相互推诿、相互抱怨。用人部门说你招的人不行，招人部门说你们人员流失的速度比招聘还快呢，有人说员工工资太低了，有人说加班太多或太少，有人说交通不便等等。

显然，员工流失率是综合因素影响后的结果，不是跟某一个部门、某一个因素直接挂钩的，所有的部门、多种因素都会产生一定的影响。很多类似的企业问题，是跟多个部门相互影响、共同造成的结果。比如说交货期、产品的成本、质量的控制等等。请思考，产品质量的控制难道是品质管理部门能够控制得住的吗？实际情形并不是这样的。

当我们涉及全公司内部方方面面各个部门的时候，我们应该怎么办呢？就是运用过去传统单向的垂直思维，岗位责任清晰明确来追查到底是谁的责任？要求谁的职责、谁来负责吗？可是打板子，往往打不到明确的部门身上，因为原因是比较复杂的、多方面的，可能职责也是比较笼统的。的确，有不少工作是需要齐抓共管、协同作业的，那应该怎么办？这个时候就需要调整领导者的思维方式，突破传统的思维框框。从单向的线性思维、二元思维过渡到多维度、多角度的创新思维方式。

二、六大思维误区

中国领导者有哪些比较常见的思维误区？ 我们小结了六个方面的思维误区，尤其是当下现代的中国人，这些思维误区也直接影响了领导者的行为和绩效表现。六大误区有：第一追求功利，第二实用至上，第三模糊粗放，第四感性随意，第五侥幸取胜，第六投机捷径。

1. 追求功利。

追求功利常常会成为当下人们享乐物质生活的社会趋势，金钱财富成了人生成功的衡量标准。社会时尚、人生成功就是穿名牌、住豪宅、开豪车，成功人士好像都是有钱人。成功，不是对社会有多大贡献，不是有多少社会价值贡献度，也不是论人的心灵、品德和情操，更不是自我价值实现及灵魂人格上的修炼和提升，没有理想、没有情怀、没有节操，甚至没有道德底线，一切除了钱还是钱！所有的土豪、富人、有钱人都穷得只剩下了钱。当全社会一切都以功利为指标，以金钱为追求，人们很多的行为表现和道德准则，就开始发生扭曲。

合法合理地追求功利是可以理解的，可是如果过分了，双方、多方的利益失去平衡了，很多问题就开始发生了。过分地追求功利，一切以功利为标准，就会发生很多问题、出现很多偏差，包括我们企业经营也是这样的。国家和地方政府要测量GDP，企业要测量利润和销售额，企业内各部门包括采购部门，需要降低成本，这些本身是无可厚非的，可是做得太过头了就会过犹不及。比如采购，过分地强调降低成本，采购就成了一场与供应商的价格博弈，常常就会把供应商放到对立面，变成了敌人，要跟他进行价格战和商战，所以要谈判。请思考，供应商到底是我们的战略合作伙伴，还是要与之斗争的敌人呢？假如把所有的供应商都当成敌人，杀得他血淋淋的，杀得他没有钱赚，请问你将来还有钱赚吗？供应商还会继续陪你玩下去吗？要不远离你，要不关门大吉。

这就是思维转换的问题。可能过去的敌人或者竞争对手，要转换成新的联盟和朋友，变成利益相关者和利益共同体。过去认为商场就是战场，经常要打商战、价格战，旧的时代已经过去了。今天新的观念认为，商场如同情场，要卿卿我我、暗送秋波。除了竞争之外，还需要合作，称为竞争合作（竞合）。所以，除了功利之外，还有没有其他的共同利益，或者物质财富功利之外的精神和文化层面的东西。

2. 实用至上。

不少中国人倾向于实用主义判断，这个东西能不能当饭吃，大学生能不能当饭吃？如果能够帮助大学生找到好工作，获得高收入，那就能当饭吃，有用。如果不能呢？就没有用。所以大学生报考院校，都是报考好找工作、容易就业的，实用主义至上，几乎每个家长都这样想，结果就导致基础学科、不容易赚到钱的学科少有人去报考。还有一个很奇怪的现象就是冷热专业供需平衡的差异，比如说多年前学电脑、学计算机很热门的，大家都去学、一拥而上，可学完了以后毕业出来，结果社会上到处都是学电脑的毕业生，不容易找到工作，供应过剩了。所以能不能有一些逆向性思维，就好像买股票一样，当卖茶叶蛋的大妈都开始买股票的时候，那股票你大概该抛了，赶快离场。当股票市场（证券公司）门可罗雀、一个人都不见的时候，大概你可以买一点放在那里，等待它后期反弹，这就叫逆向思维。所以过分的实用主义、被利益诱导，或者追风追潮流和从众心理也会带来不少陷阱，甚至是灾难。

3. 粗放模糊。

在农业社会和农耕文明时期，是不需要太多的准数和精确的。好友相逢：“我下次来看你啊”。“好啊好啊，你什么时候来？”“我大概下个月吧”、“过了年以后吧”，可能是春天、秋天或者大约在冬季，他连月份都不精准，更别说某月某日，精确到什么时间、具体几点钟，那更别说了，都是粗放模糊的。

中华美食名扬天下，可是没有一个中国品牌餐饮店，可以像肯德基、麦当劳一样遍布全球，全世界有两三万家店，为什么呢？不精确、缺标准、太随意、太粗放。你看看中国菜的菜谱上写的是：糖少许，盐少许，味精少许，所以同样的食材配料，用五个或十个厨师炒出来是不同的味道，没有标准化。而且我还发现一个现象，从南方往北方走，越往北方越粗放，中国的菜里面最粗放的就是东北菜，乱炖、大丰收，分量够足、实在，但不够精致。八大菜系里面的第一菜，广东菜、粤菜，他的调料是用比耳朵耙大一点的小勺子，师傅关照徒弟八勺，就是小勺子舀八勺，这叫调料定量。到了中部地区如武汉、上海、南京、杭州，就开始用喝汤的那个中等勺子，两勺。到了北京、东北，你都看到了斗大一个大勺子，反正一勺子，多少随便你。所以，从耳朵耙一样的小勺子，到喝汤的汤勺到斗大的大勺子，你说中华餐饮怎么可能会精细化、数量化、标准化呢！这样不同厨师炒出来的菜，又怎么可能会保持标准化一致性呢？

北京有一家著名的烤鸭店——全聚德烤鸭店，现在成为中华美食的骄傲，开遍了全世界，在美国纽约和伦敦等地方都已经开了分店，从中国走向世界，而且受到了普遍欢迎。北京烤鸭的烤制过程原来完全是凭师傅的个人感觉和经验，一只鸭子进去烤了一段时间，需要大师傅掌握火候，师傅一看，感觉火候差不多了，就取出来。什么叫差不多了？这是非常粗放模糊的。全聚德为了要把烤鸭推向全世界，就开始研究烤鸭的烤制过程，进行标准化。第一步，先让老师傅一遍一遍地做，科研人员在边上掐秒表计算时间，用天平进行称量，对所有动作进行慢镜头分解，找出最佳的方案。经过反复的试验下来，老师傅认定这个炉温、这个时间、这个涂层和这个材料是可行的、是正宗的，就接近成功了。因此，全聚德公司制作了一个全聚德烤鸭炉，对每一只鸭子涂多少调料，具体怎么涂，涂多厚，全部都有精细的动作标准和克重标准。接下来就是车间的操作工人，像流水线的操作工人一样生产全聚德烤鸭。按照标准的样子涂好调料以后，进专用炉子烤多长时间（几分几秒），有多少温度，火力是多少，多长时间，旋转多少角度等等，全部都有非常详细的规定，即标准化作业。北京全聚德烤鸭店能够开向全世界，就是因为他们培养了一个基础和系统，而不是依赖于个人的感觉和经验。所有的过程都必须是精确化、标准化、可计量、可控制的。管理大师德鲁克说，无法量化的东西，你就永远无法控制它。如今多少中国的餐饮，有多少仍然是控制在大厨手里呢？如果有一个优秀的大厨团队，这家饭店就兴旺发达，如果一换厨师、味道一变，生意就立刻下降，那就说明你的经营和管理方式还比较粗放、模糊，还没有走向标准化、精细化的道路。

4. 感性随意。

中国人比较感性和冲动，喜欢激动，马上行动。可是在行动之前并没有做好相应的规划，所以大部分都是草莽英雄，匆忙行动，并没有经过冷静、理智的思考，在思考、决策和行动方面都比较随意，在修订和改正政策时也类似，改制度、改规章也比较随意，当然结果就会随意。这样的感性、冲动和草莽随意的情况下，怎么可能会顺利、按时达成一个挑战性的目标？所以，我们的精度越高，速度越高，品质越高，我们离理性和严谨就会越近，离开感性、随意和草莽就会越远。

5. 侥幸取胜。

请思考，在三国的赤壁之战中，到底是谁打败了曹操？不是周瑜、孔明，而是另有其人。因为“万事俱备，只欠东风”，那东风受谁控制？被谁掌握？是周瑜和诸葛亮吗？不是。孔明只是巧借东风而已，那一天正好这个时间（几时几分）、刮这样的风级、刮到多长时间，他是受老天爷控制的。这些情况发生其实是小概率事件，机会稍纵即逝。假如等曹操的大军杀到江东来了，再刮东风就已经来不及了。假如刮的风力不够，或者正刮东风，当黄盖的船过去以后，东风开始转向、倒刮，变成了西风，那不是可能会先烧死黄盖吗？所以，这种不可控的因素、小概率事件被中国人 2000 年来津津乐道，说明我们是有很多思维误区，总是过分相信小概率事件，正确的思维观念应该是千斤压四两，而不是四两拨千斤。不要指望此类小概率事件发生，而应该让千斤压四两，让成功、让正确的结果变成一种必然。当然，领导者在问题分析和解决中，要防止这种漏洞的出现，要堵住此类侥幸机会，去除侥幸心理。

6. 投机捷径。

一方面是因为功利性和实用主义，另一方面是因为我们的习惯性思维障碍。人往高处走，水往低处流。资金的投资回报率哪里大，就会涌向哪里。房地产回报高，大家就一窝蜂。有人搞保龄球厉害，大家都去模仿搞保龄球。为什么会不断地出现重复建设？就是投机心态太重。我们搞实业、搞工厂、搞制造的，赚钱太慢，风险太大，所以大家都不愿意做了，都去炒房地产了，都想去空手套白狼了。请问你这是谁套谁呢？投机心态过重，最后会导致经济泡沫，会导致负债的老板跑路，导致企业的财务风险空前加大。

当然，我们也要反过来检讨一下，当你知道有部分中国人常常会交通违规、闯红灯、过斑马线、践踏草坪的时候，你有没有依据他们的习惯制定相应的制度？例如在草坪上沿着这条捷径铺设一块一块的垫脚石？中国人并不是故意搞破坏，只是想走捷径而已，良心和素质还是基本比较好的。而且一时还改不过来，得有个过程慢慢改，不要去对抗我们的千年习惯嘛！能不能有一个相互妥协和相互的适应呢！

有以上这些六大思维误区，就会导致我们工作生活的一大堆问题。所以，首先要扭转的是思维方式的问题，这是最核心最关键的，然后再来解决其他的次要问题。

生活当中一些常见的现象也反映了类似的思维误区。例如：随意拍板不加思考，随着心里的感觉走，感谢随意，七嘴八舌、车轱辘话，盲目争论，内心混乱，谁的权威大就是谁说了算，五分钟的事情用了一个小时来讨论。我们中国人常常两个人以上就无法来商量和决策事情，会相互牵制或相互扯皮，形成内耗。所以，中国为什么一定要有一个绝对权势的大领导（大 BOSS）呢？否则就无法做讨论做决策，无法真正地做到共同协商，协商变成了吵架和斗争，把个人的恩怨带入工作、带入生活、带入讨论，盲目地对某一个事情进行反复澄清和解释。所以不是聚焦于解决问题，而是聚焦于如何来寻找责任人和摆脱责任。

这些思维的误区也反应在领导者身上。对于企业领导者常常有如下工作特点：任务重，独立性，内容杂，线头多，问题乱，资源少，变化快，意外多。导致领导者平时工作特点是：忙、盲、茫——三个“mang”，就是很忙碌、很盲目、也很茫然。工作很乱，有祸、有躲、有推、有怨、有吵，乱麻一堆。“祸”就是经常会闯祸、出纰漏、捅娄子，见到问题和责任以后，第一个反应就是躲避，躲不掉就开始推，推完以后如果发生纰漏就开始抱怨，抱怨了以后就开始吵架，这个问题应该是谁的责任、不是我的责任。从安全生产到品质管理、员工流失，一直到交货期到了无法交货或者产能的扩大，常常是相互推诿，只要干部开会常常就是吵架会。什么时候才能摆脱并消除这样的一个状况呢？

三、思维随意会导致领导者失败

领导者失败的最大原因就是：思维上的随意，思维随意导致决策随意；行为随意，领导拍脑袋做决定。“四拍”干部常常表现为：一拍，高层领导拍脑袋做决策；二拍，中层干部拍胸脯没问题（no problem）；三拍，结果发现出现问题了，大腿一拍：“我怎么没想到呢？我早该想到的”；四拍，最后完不成任务，只好拍拍屁股，拜拜走路吧！不少领导者成了“四拍”干部，随意性太强，感性太多。

领导者常常处于“随意”的世界，给组织带来了灾难：思考过程随意、决定判断随意、任务下达得随意、接受任务也很随意，提出要求很随意，行为动作也很随意，结果没有达到目标和要求就随意推卸责任。结果没有达到目标要求，政策、方针、机制立刻就做改变，战略和目标就做改变，改变得也很随意，不够谨慎。做决定的人很随意，听的人很随意，做的人也很随意，结果有没有达成？随它的便吧！一切都是随意、随便！请问，如果组织的管理进入到这种随波逐流、脚踩西瓜皮的状态，怎么可能有好的结果呢？难道企业的战略实现和目标达成，会像林妹妹和馅儿饼一样从天上掉下来？

第二节　传统思维与教育误区

领导者在进行问题思考时常常会带有情绪化倾向，比较感性、不够理性。思考的逻辑性、条理性也比较混乱，常常不知所措、无所适从，容易陷入经验主义、惯性和懒惰的陷阱，思维局限、思路僵化，出现“井底之蛙”的现象。好像井里面的一个青蛙，自我感觉良好：我就是这么大了，原来天空就是这么大。领导者的思维被局限，被很多条条框框所框住了，不愿意变化和创新，思路凝固、老套、僵化，想象力缺乏，自满自足，只满足于眼前所看到的一切，看不到外面的世界，更是拒绝想象和突破。

一、二元化思维后遗症

传统高等教育系统里面每年都输出数量不少的毕业大学生，到最后真正能够原创的科研创新并不多，而能到最顶尖能够拿诺贝尔奖的，更加寥寥无几。看看我们高校是不是能够好好努力改革一下，改变这种现象，增加类似想象力和创新力方面的课程和训练。

学校里面培养的学霸大多数是答题能手和应试高手，考试答题都非常厉害，这就属于是垂直思维、直线思维，最大的缺陷就是两元化思维，而不是多元化、多角度思维。两元化思维就是论对错，要符合唯一正确的标准答案。一个学生从小学到中学到考大学，所有的考试都必须有唯一的正确的标准答案，不符合正确的标准答案的，请问得不得分？通通不得分。在这样的二元化思维的教育系统里面，孩子们不断地被训练，思维方式逐步被凝固，形成了一种思维惯性：凡事都要追求唯一的、标准的正确答案。等到大学毕业了，进入到社会和企业，社会江湖上是不是遵循这样的游戏规则：凡事都有唯一的正确的标准答案？而且那个标准答案已经是固定好了的，已经告诉你了，要求你去死记硬背，按照标准答题就好了？社会上、工作上出现的问题是这样的吗？可以这么去解决的吗？其实不是这样的，实际工作问题并没有唯一的、标准的正确答案，只有当下最合适的选择。领导者解决管理问题，只有从可供选择的方案中进行优选决策，每个解决方案之间没有绝对的正确和错误之分，只有各种因素如条件和成本等因素比较之后的适当选择。年轻人成才的规律是“选择大于努力”，没有绝对的对错。这就是为什么不少的名牌高校高才生，最后毕业到社会上成名成家、做出杰出贡献的寥寥无几的重要原因。大学生的创新思维和想象力普遍出现了问题，导致年轻人书读得越多、学历越高，越有可能陷入思维的僵化，为什么？因为长期接受理工科和自然科学的教育，培养和加重了二元化思维，时刻想寻求标准答案，唯一正确的标准答案，这种思维越加强、越坚固，思维越僵化。

为什么过去常常有文化学历不高的老板也可以事业成功？例如浙江温州很多民营老板文化程度普遍不高，但却事业有成。很多领导者和企业家，首先需要突破的是思维的障碍，打开思维的局限，然后才是后续的目标、计划和执行行动。思维方式才是最重要的关键。

二、思维是可以管理和突破的

一个人的思维可不可以管理、突破、训练和提升呢？当然是可以的。国际上还健在的最伟大的思维学家叫德博诺，英国人。我有参加过他的思维课程，学过他的一系列思维工具和方法。德博诺先生的经典思维理论有：六顶思考帽和水平思考法等等。这是全世界最伟大的思维学家，毕生投入研究人的思维方式，得到了全球企业家和经理人的敬仰和赞誉。

改变领导者思维有三个重要的词：第一，这是正确的，还是错误的？第二，是唯一的，还是被选中的？第三，是你的，还是我的？

第一，请思考，这世界上有绝对的正确和错误之分吗？不一定，转换一个角度，原来正确的可能就会变成错误的，因为视角和立场不同。华为创始人任正非提出灰度管理，即在白和黑之间有灰度。管理有不少过渡的灰度地带，并没有绝对的对和错，在所谓的正确和错误之间，有大量可供选择的方案，不是对的也不是错的。

第二，是唯一的，还是被选中的？“唯一”就是唯一的标准的正确答案，这是二元化思维。“被选中的”，代表我们有很多方案和方法，我只是从中选择一个合适的而已。

第三，是你的，还是我的？应该是大家的、所有人共同拥有的。如果过分地去区别“是你的还是我的”，它就容易进入到零和游戏，一定要争个输赢。要不是你的、要不是我的，都不服怎么办？那就开打吧！相反，双方应该能够找到共同的交集，找到更多的共同利益和共同平台，不用严格地去区分到底是你的还是我的，双方可以共赢、和谐共处，可以跨越两个部门进行协同、协作、双赢。这个部门是你的部门还是我的部门？你部门的荣誉面子，还是我部门的利益和排名？其实荣誉都是大家的，我们在同一个企业沟通发展，不少内耗。各省之间的协作不是这个省份、那个省份，而是我们在同一个中国，求同存异，共同发展、繁荣进步。

领导者必须要把思维管起来，要砸掉思维的旧枷锁，进行必要的思维突破和思维创新。要改变这些旧观念，例如：上级领导肯定不会赞成的；我都一把年纪了，老狗学不来新把戏；我从来没有做过，不会做；我过去一直做得很好，干吗要改；我们没有时间，我们还没有准备好；万一搞错了怎么办，别人会笑话我们的；搞错了，我要承担责任的，还是算了，我还有一年半载就要退休了，不出岔子就行了。这种就叫退休现象——不求有功，但求无过。如果领导者都是这样的思维方式，很容易固步自封，企业的发展一定会步履维艰，走向衰退。

第三节　垂直思维法

一、什么是垂直思维

垂直思维是我们最常用的传统思维方式。垂直思维又叫结构性思维，有时也叫两元化思维。什么叫垂直思维？ 我们从小学到中学到大学，一直接受的教育和训练，就属于垂直思维，即凡事都要讲逻辑、讲顺序、讲条理、讲概念、讲结构、讲层次、讲大小。比如说，1、2、3、4；A、B、C；要分前后、左右、大小、顺序、方位；要讲对错，讲黑白，讲逻辑推理，讲长幼有序，讲层次要素，讲因果关系。例如因为 a 大于 b，b 大于 c，所以可以证明一定是 a 大于 c，三段论；

讲逻辑、讲因果、讲行动；第一步怎么做，第二步怎么做，第三步怎么做，生产制造部门的SOP作业指导书，流程、步骤和基本原则等等。我们接受的工作训练，大多数属于是垂直思维。

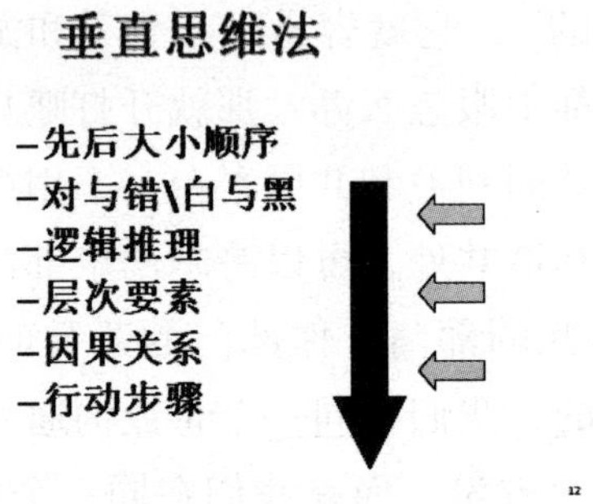

垂直思维法

–先后大小顺序
–对与错\白与黑
–逻辑推理
–层次要素
–因果关系
–行动步骤

图 1–1

二、垂直思维与中西餐方式

垂直思维的特点，第一，关联性；第二，层次性；第三，步骤性。在垂直思维里面，它仍然会有一些顺序，是一起来呢，还是按照顺序依次一个个来呢？我们也称它是吃中餐还是吃西餐的方式？

中国人喜欢吃中餐，喜欢把所有的菜都放在桌子上，然后挑着吃、转着（有转盘）吃。在农村里逢年过节时，大家围在一起吃饭就是典型的中餐特点，不管是在饭店还是在家里过年，亲朋好友会有七八个人坐一桌，是不是所有的菜全部都要上桌？全部菜上齐，酒和饮料全部倒好，端起杯，来，大家一起来干杯！新年快乐！中国人这叫团圆饭，必须把所有的菜全部都烧好了，摆上桌，然后长者一声令下：开动。你吃得最多的菜是哪道菜？就是你最喜欢吃的。假如我最喜欢吃的菜在桌子的那一头（没有转盘），那怎么办？我也不好意思站起来夹菜，可能就拜托、帮忙，帮我夹两下。中国的这种吃饭方式，叫集合式，就是在一群选项当中进行挑选和选择。其实这也是属于垂直思维的一种。

西方人吃西餐不是这样的“集合”方式，而是依次按顺序一个一个地来。老外的西餐是怎么吃的？会不会像中国人一样，先堆满一桌子菜，然后大家随便挑着吃？不是这样。老外西餐是一道一道按顺序上菜，有比较固定、严格和规范的程序。先上一盘沙拉，大家把这道菜分完，分完就把盘子撤走，接着上第二道菜，分完以后再上第三道菜，所以西餐的主菜是一道一道上来，而且上来以后必须分掉，盘子干净（光盘行动），然后撤掉盘子，所以这个桌子上通常就只有一盘菜。西餐有非常严格的顺序和严格的要求，前几道菜的盘子是不可以留在桌上的，吃完再上。我们中国人吃饭吃完了以后，如果哪个盘子菜被吃光了，中国的主人（东道主）会怎么认为？天哪，菜太少了、根本不够吃啊！所以明天一定要加菜。给客人加菜，结果老外又吃完了，因为老外认为你的菜做得好的标准，就是我必须要把它全部都吃完。老外不断地吃完，中国人不断地给他加菜，最后越吃越撑。老外最后说能不能少搞点，我实在吃不下了！中国人说，这样的呀，我还以为你吃不饱、菜不够呢！这就是东西方人们思维习惯的不同和差异。

所以，建议领导者在进行工作规划和工作执行的时候，要用吃西餐的方式，就是按程序一步一步地有条不紊地来；但是在做工作总结、检讨回顾的时候，要吃中餐，就是把所有的工作全部都堆上来，然后进行总结和检讨，哪些工作没有完成？为什么？问题出在哪里？哪些是需要值得改善的？如何改善？

三、思维导图的运用

管理界有一个很重要的思维方法和工具，叫思维导图。现在的智能手机和电脑上都有这个“思维导图”软件。思维导图就是保持逻辑性思考的同时又有一定的思维发散，是逻辑思维与创新思维的交叉和跨界，是卓越领导者和经理人必须掌握的思维工具。

如图，思维导图案例。

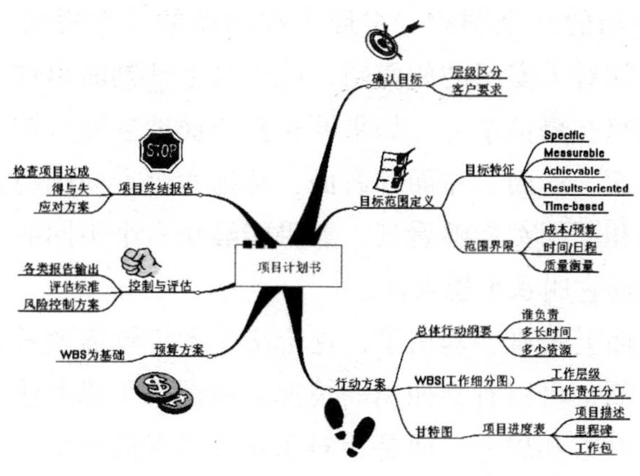

图 1–2

看一个最经典的思维导图案例。比如说，我们的项目计划书应该要怎么做？可以分为三个层次，逐步分解。第一个层次有六个步骤，一是确认目标，二是目标范围定义，三是行动方案（计划），四是预算方案，五是控制与评估，最后结束是六，项目的终极报告。一步、两步、三步、四步，有这样专门的思维导图软件可以下载使用。

思维导图方式，非常有利于领导者有层次、有顺序、有结构的逻辑思考，然后理性做出判断，这样的思维工具非常实用和有效。可是不要忘记了，这么棒的思维工具，大部分仍然是处在理性、逻辑性的思维方式上，对我们有很大的帮助，还基本属于垂直思维的范畴。

第四节　水平思考法

一、水平思考法的含义

传统的垂直思维和逻辑思维方式，对于面向未来的创新思考恐怕远远不够。相对于垂直思考，有一种典型的创新思考方式，就叫水平思考法。

如果我们希望全方位地了解一个物体，想知道这个物体真实的概况和客观全面的认知，就需要运用水平思考法。因为大部分人通常只看到了这个物体的正面，比如说北京天安门，一说到“北京天安门”，大家脑海里跳出来的画面就是这样的，通常是正面的一个图片。按照工程制图的三个视角，另外的侧面图和俯视图呢？如果给你看天安门的侧面图，能否马上就判断出这是天安门还是大前门，你能看得出来吗？恐怕未必。如果要认真全面地去做分辨，围绕这个物体要从上面、下面、前面、后面、左面和右面，从这六个方向围绕着它，不但是平面绕一圈，还得上面和下面都能够看到，如果能够从六个不同的方向都能够看到具体的情况，我们就称它叫水平思考法。

假如我们在平面上去看一套房子，这个房子不仅仅需要看它的正面，我们要围着这个房子绕一圈，可以看到四周的情况。所谓水平思考法，并不是说绝对在一个水平面上进行观察和思考，而是相对于垂直思考的逻辑方式，水平思考是横向的创新思考方式，在同一个时间里面转换不同的角度和侧面，进行多角度、多维的思考，这就是水平思考法。

二、运用水平思考法进行产品创新

举例子说明。例如，木头椅子和皮球结合在一起，是沙发。外表是皮的吗？是比较柔软的吗？沙发这一个新产品由此诞生。

在浙江湖州市织里镇的童装城里有一个老板娘，她需要做新产品的研发设计。她创新了一个新产品，就是在摩托车的头盔前面装一个雨刮器。因为很多人骑摩托车戴头盔时，下雨天就容易看不清楚，雨水影响了视线，如果像汽车一样有雨刮，就可以解决这个问题。我们当时表扬了她，奖励了一个小奖品，我提醒她："你这个想法和点子是很好的，至于能不能实现，你回去还要做实验。据我所知，汽车的雨刮是因为距离眼睛还有一段距离，所以没有问题的。你这个摩托车雨刮就在这个头盔前面，这么近的距离就这样转转的话，会不会产生眩晕？我说你回去先拿自己试一试，看看有没有影响。第二，这个摩托车雨刮动作的电能来自哪里？用干电池可能不太环保，而且你装在头盔里，电池体积大，重量是不是比较重？另外一定需要雨刮器吗？如果头盔的前面运用的是不沾水的特殊材料，你看行不行？或者说电加热的（与后视镜类似），你看行不行？总而言之，我们有很多的思维创新方式，就是把原来毫不相干的东西进行横向组合、多次嫁接，新产品新玩意就可能开始诞生了。

请看现在的智能手机，有多少功能是叠加上去的？手机的功能除了打电话、无线通信、移动电话之外，还有哪些功能？收发短信、存电话号码簿、听音乐、拍照、摄像、上网、录音，还可以用QQ、玩游戏、看电影追剧、看小视频，还能做手电筒、GPS导航等等，估计每部手机有二十种以上的功能。

有一个大爷跑到手机店去看手机。手机店里的服务导购就给他介绍："大爷，您看这个手机是最新款，有很多的功能：能上网、存多少电话量、待机时间长、上网速度快、打游戏、还可以美图秀秀等等。"说得大爷一脸的茫然。大爷最后忍不住地问了一句："闺女，到底能不能打电话呀！我没有看见打电话的按钮呀？"因为大爷最关心最核心的功能是打电话，他是来买一个移动式的电话机的，不是用来上网打游戏的。

可见，现代智能手机的功能，就是很多功能的叠加呀！成为智能时代的终端控制器。比如说手机现在能不能做手表？可不可以做闹钟？可不可以拍照？闹钟、手表、数码相机等等现在大家都不太用了，手上戴腕表、挂个数码相机的人也越来越少。因为有了手机可以计时，可以作闹钟，可以存电话号码，还可以做很多事情。用手机收发短信，是不是类似于以前拍电报？电报局现在没有生意了吧！没有人跑到电报局排队，给亲人拍一个电报，现在没有了。用手提电话（手机）拍电报就叫短信息、短信、微信。十年以后的手机一定不叫手机，一定会重新取一个名字。就好像手机，以前叫移动电话、大哥大一样。未来的手机是个人和家庭资讯的终端（智能汽车、智能家居、智能办公、智能生活、智能健康），是所有上网连线的控制器，连着办公室、家里和身体，连着空调、电饭锅、防盗门和汽车，还能监控着老人和小孩，孩子上学有没有去？放学跑到哪里去玩了？有没有上网吧、打游戏？GPS实时跟踪打开，全部都会有的。所以它是一个小型微型智能终端处理器，这个小东西名义上还叫手机，事实上现在的智能手机已经越来越不是手机了。手机到底是电脑还是电话？是移动电脑还是个智能显示器？完全是成为一个智能系统的个人终端，所有的这些其实都是功能的横向叠加。

当然，玩具能不能自动贩卖？水笔笔杆头上可不可以做很多广告？铅笔能不能变成万花筒？这些就是产品的研发和创新，需要依靠水平思维法。

第五节　六顶思考帽思维法

全世界最伟大的思维导师德·波诺先生研究了很多思维工具，其中最著名的思维工具，叫“六顶思考帽”思维法。所谓“六顶思考帽”就是思考问题需要从六个方向或六个维度去进行思考，继而检测、判断我们所采取的解决问题的方案决策，或者主意、决定等等，是否正确、恰当或合理。六顶思考帽分别是六种不同颜色的帽子：第一白色的帽子，第二红色的帽子，第三黑色的帽子，第四黄色的帽子，第五绿色的帽子（在中国不太合适提及这种颜色的帽子），第六蓝色的帽子。

图 1–3

一、六个方向的思考

第一顶帽子是白色的思考帽，即事实和数据。思考问题之前，首先需要收集完整的事实和数据，而不是主观臆断或凭空想象。没有调查就没有发言权。要搞清楚：目前我们到底在发生什么？具体是什么情况？我们在什么样的环境里面？有哪些数据和事实？白色就是冷静、客观、理性、中立和周全，就是事情原原本本的真实状态，白色代表是数据、资料和信息，以及客观的资讯和事实。

第二顶帽子是红色的思考帽，即做直觉或情绪化判断。红色就是感性、情感和直觉，用第六感官和直觉去碰一下，看看我们的感觉如何。在我们做比较理性的分析思考和判断之前，我们先用直觉和情感去判断一下，你看这件事儿行不行？这个事情靠不靠谱？只讲感觉和直觉，不需要讲理由讲逻辑，也不需要提供依据：我就是这么觉得呗。先找一批女同胞来做感性判断，为什么需要找女同胞来做？找男人不行吗？因为女性朋友的第六感官、直觉判断和情绪感觉，是远远地比男人发达的，大概发达到 5 至 10 倍以上，即女人很敏感、男人很迟钝。所以，我们要常常问问女同胞：你觉得这件事靠不靠谱？女同胞第一反应就说靠谱或者不靠谱，她百分之七八十左右都是正确的。可惜一般的男同胞就缺少这种直觉，这一类第六感官通常比较差。当然也有一种男同胞第六感觉比较厉害，那就是艺术家，有时会把头发留得很长，你从侧面看，看不出他是男生还是女生的那种。这一类艺术家长期沉浸在艺术氛围里，他们的直觉、灵感和情感是非常敏锐的，跟女性同胞有得一拼、不相上下。红色的帽子就是用直觉和情感去评判一下，这样做行吗？

第三顶帽子是黑色的帽子，即做负面思考。黄色的帽子是做正面积极的思考，黑色的帽子就是做负面思考和风险评估。想想看，它的潜在风险和可能的陷阱在哪里？各种损失和不利的影响会有多大？别光顾着只想好处和利益，那样容易陷入盲目乐观主义，而忽略了潜在的风险。要先想想最差的可能是什么？最坏的可能性局面会是什么？先从坏的方向去着想，那我们已经能够预计到最坏的、最失败的可能结果，是不是也需要采取一些预定的方案和措施来做补救，做应急处理。做决策时一定需要同时做好两手准备：最好的设想和最坏的打算。黑色的帽子，意味着风险、陷阱、不利的因素和最坏的局面。

第四顶帽子叫黄色帽子，即做正面的思考。凡事不能只思考风险和不利因素，那样会陷入悲观、负面的思考，会裹足不前。领导者也需要去思考一下，正面和有利的因素。正面的好处、利益和价值在哪里？对我们的帮助有多大？积极的改善建议是什么？能不能给我们带来更多的价值？这就是乐观、正面、积极向上。其实，任何事物都是一分为二，危机的意思就是危险的背后是机会，舍得的意思是舍弃的同时就会有得到。这是古老的中国式辩证法，就是需要同时把正面和负面、风险和机遇等等正反面，全部都要把它研究透，才能够做正确判断。

第五顶帽子是绿色的思考帽，即创新和冒险。面对已有的决策，要敢于提出疑问：我们一定要这样做吗？我们一定要用这个方法或方案吗？除了这个方法、方案之外，还有没有更好的、其他的方法？上天入地式的这样或那样，你看行不行？要敢于做冒险尝试，寻找可替代的其他方法，不断地来进行创新。一切皆有可能，没有什么不可能，这就叫绿色的思考帽。要打破条条框框、原来的习惯或思维定式，跳出来重新思考，看看还有没有其他的办法呢？所谓的创新和变革，其实就是从“违规”开始，打破常规、另辟蹊径。

第六顶帽子是蓝色的思考帽，即控制议程、系统和目标。我们的目的和目标到底是想干吗？我们大家坐在一起讨论问题，到底是想干吗来的？先把目的和目标搞清楚，不能偏离方向和主题。我们在讨论、思考或分析解决问题的时候，常常会陷入这样的陷阱：为手段而去考虑，被细节干扰了视线，导致忘记、偏离了我们原来设定的根本目标，即初心。所以需要不忘初心、锁定目标、控制过程。

二、六顶思考帽的应用

国际思维大师德·波诺先生的六顶思考帽应用范围很广，所有涉及解决问题或决策思考都可以加以应用，不仅仅是工作方面，家庭和生活方面都可以。

例如，我们人生的根本目的是什么？每个人的答案可能都不太一样，有人是升官发财，有人是流芳百世，大多数是求名求利。假如是问我，我会认为人生最大的目的就是：要活得健康幸福和开心快乐，就是两大指标：第一是健康幸福，第二是开心快乐。如果健康地活着，但不开心、不快乐，那说明活着的品质不高，肯定不幸福。所以健康是数量指标，就是长寿。快乐是质量指标，是生活品质，即快乐高品质的幸福长寿。我可能是这样的答案，这就是我的人生观和价值观。

那我们的工作和生活跟这个根本目的是否吻合？有没有违背？如果工作得很痛苦，只是为了钱、为了谋生而暂时忍受着，因为你从内心里面不喜欢做这个，那早晚你都会舍弃它。如果超过了你长期忍受的极限，你就只能放弃。建议你，想方设法找到那种类型的工作，同时能够满足根本目标的两个方面，那就是健康和快乐兼而有之，这一类的营生，这种生意、工作、环境或职业，你就很幸福了。钱可能不是第一位的，快乐健康才是最重要的。

有很多人在疑惑：人生的终极目的到底是什么？有人说是赚钱。那你赚钱又是为了什么？赚钱不为什么，就是为了生活。我猜想，赚钱、有很多钱可以给他带来快乐、带来安全感，他的指标其实是快乐和安全，赚钱只有一种满足他快乐的手段，那就是要拥有更多的钱，更多的阿拉伯数字，因为他可能只是在赚钱，却没有时间去花钱，有钱就能够给他带来非常美好快乐的感觉。事实上，根据我的观察，拥有很多钱的土豪其实并不快乐，比我们没有钱的普通人痛苦多了、压力大多了！我有讨教过很多的企业家老板，我夸奖他："你是大老板，身价十个亿，很厉害，了不起！"他说："什么老板，其实是苦逼，我还欠着银行二十个亿呢，你看看头发都白了，夜里睡觉都睡不着，做民营老板压力山大，真不是人干的。"哦，原来身价十个亿的老板还欠着银行二十个亿的，那天晚上我睡得特别香，终于心理平衡了：因为大 BOSS 是负资产，负 10 个亿，你呢？你至少还正 100 万呢！咱好歹是正的，他是负的。所以，有这种思维方式你就要小心了，请思考，你的根本目的到底是什么？

中央电视台一个记者采访西部的放羊娃："放羊娃，你放羊是为了啥？"他说，为了赚钱。那赚钱是为了啥？娶个媳妇。娶个媳妇是为了啥？生个娃。生个娃又是为了啥？放羊。这就是放羊娃的一生，他不知道为了啥，反正就是活着，人生的循环。你以为我们比他高明很多吗？其实也差不到哪里去。你工作上班是为了啥？为了在北京买个房子。买个房子干吗呀？娶个娘子，娶个娘子干吗呀？生个孩子，然后争取有个北京户口、有个学区房，能上个好学校，然后工作出来能继续待在北京，再找个好单位，再买个房子，再生个孩子……不是一样的循环吗？你只是比那个放羊娃多走了几步而已，五十步跟一百步的关系，本质上逻辑上是一样的。我们常常把手段误以为目的。如果上班赚钱变成了你生活的终极目标，可能你就会很痛苦，除了数钱之外，没有快乐。

所以我们需要搞清楚，我们的根本目的到底是什么？你做任何一件事情、说了几分钟的话，总会带有一定的目的和意图。请不断思考，你的根本目的是干什么？紧紧锁定、不要偏移那个靶心，锁定最根本的目的之后，一步一步地来，分六个步骤来，这就需要应用德·博诺先生的六顶思考帽。

回顾一下六顶思考帽：第一白帽是资料和信息。第二红帽是直觉和感情。第三黑帽是负面思考、讲逻辑和批判，找出风险和负面在哪里。第四黄帽是积极乐观，找出正面和好处在哪里。第五绿帽是讲究创新、冒险和替代，跳出思维的条条框框，假设一切的、另外的所有可能性和替补应急方案。第六蓝帽是清晰明确我们的目的到底是干什么。我们的议程是否在控制系统之内呢？如果离题了就需要回到正确的轨道上来。这就是水平思考法，从六个方向进行思维和决策的基本方式。

创新思维还有比较经典的创新十二法，即加一加、减一减、扩一扩、缩一缩、变一变、改一改、联一联、学一学、代一代、搬一搬、反一反、定一定。十二法的内容比较丰富，需要在实践工作中进行练习和锻炼，逐步提高自己的创新思维能力。

创新思维十二法

- 加一加 减一减
- 扩一扩 缩一缩
- 变一变 改一改
- 联一联 学一学
- 代一代 搬一搬
- 反一反 定一定

图 1–4

第六节　管理情境的案例分析

我们来讨论一下大家都比较关心的管理情境：员工流失到底是什么原因？哪些思维习惯是需要领导者来突破的？

根据专家的调查研究发现，员工流失的原因有几个影响因素：第一，岗位和工作场所；第二，人才和岗位不匹配；第三，指导和反馈意见太少；第四，提高和发展的机会太少；第五，被低估和被赏识；第六，超负荷的工作和生活不平衡；第七，对高级领导失去信心等等。请思考，在这些影响因素里面有硬性的要素即物质环境方面的因素和软性的心理精神方面的因素，你看哪一类的因素占比要多一些？我们大部分主管和领导干部所以为的员工离职的主要原因，是因为薪水太少、加班太多、劳动强度太大，这些是真的吗？其实，更多的员工离职是来自于他们的软性因素及心理、情感和精神方面的原因，即干得不爽、不开心、不快乐，心情郁闷。

人力资源专家的专项调查研究表明，一线员工的离职有70%左右的原因与其直接主管相关，其中又有70%左右的原因，是跟其直接上级的人际关系相关。换句话说，员工离职大概有一半左右的原因，是来自于员工和直接领导的人际关系不佳。与上级的相处和人际关系是影响到基层员工离职的重要原因，可惜很多的领导者却没有看到这一点。所以，改善基层员工流失首先需要从基层领导者，员工的直接主管那里入手。增加一个绩效考核的KPI指标，即员工流失率，要求主管控制住其下属一线员工的流失率，比如说班组长、一线主管。我们曾经辅导过一家企业，他们一年期间的一线员工流失率高达100%，就是去年的100个工人到了今年全部都换过了，每年基层员工都要大换血，入职六个月的人就属于是老员工，只有刚入职三、五天的才叫新员工。老板很生气也很着急，怎么会这样？人事部门也抱怨说，我们每个月新招来的员工还不如离职流失的多，每个月都出去招工，疲于奔命，却效果不佳。那该怎么办？

解决问题需要抓住问题的关键，擒贼先擒王、打蛇打七寸，最关键的环节在哪里？基层主管、班组长那里！

第一步，下达对基层主管（班组长、一线主管）关于员工流失率的考核指标。配套奖罚措施和奖励机制。设定每个月流失率最多限额为3%。三个月一个季度限额是9%，如果离职率超过9%，主管就不要干了，下岗、离职！先做好思想工作，开动员大会，立好军令状（生死状）、写好保证书，大会上庄严宣誓，承诺如果超过流失率的自罚措施是什么。每一个主管都只能硬着头皮在那里写，举着拳头做宣誓，其实心里还是没有底，完了之后悄悄地问我：老师，写是写完了，也宣誓了，这个牛皮吹出去了，那万一员工就是要走怎么办？我又拉不住他的！总不能限制人身自由吧，他长了两条腿的。我说，你动动脑筋想想办法，你已经保证完成任务了，办法总比困难多。他说，我动什么脑筋？我说，你就晚上请他吃饭，你就跟他拜把兄弟，你与他称兄道弟、把他灌醉，他还一定要走吗？可是，人家实在是要回去结婚，父母催着一定要回去办酒席。我说，他不是肯定要回去结婚吗？结完婚以后他还会有可能再回来上班的。就算他请假，结完婚后再回来，这个员工算不算流失，就不算流失。只是算请假结婚而已，他说要是这样就好，我回去好好做思想工作。

第二步，感情攻势。回去动脑筋、查档案，把每一个小伙伴的生日都记录下来。给每个人都取个小名、花名、爱称或昵称，每个月搞一次团队关爱活动。每个人去拔河、去爬山、去烤肉、去 K 歌搞团建（团队建设），团队活动大家搞起来了，团队氛围也起来了。下属和员工会怎么做？就轻易不流失了嘛！都有兄弟感情了吗？如果万一最后他还是要走，怎么办？这个月指标突破了，你暂时还不能走，要离职可以排到下个月，这就类似于计划配额制度。我现在只有 10% 的流失率，团队一共就二十个人，三个月就只有两个离职指标，兄弟们你们自己看吧，如果你们多走一个，我这个班组长就没得干了，你跟家里商量一下，再晚一个月离职行不行？有什么困难我们一起解决！该措施试行了两个月以后发现，一线员工的离职率被控制住了，基层主管们干得很棒！

第三步，协同发力。在基层员工流失方面，还要多部门配合支持、共同发力。需要在规则、制度、激励机制和考核指标 KPI 方面的，还要有更多的一些作为和改进，在机制、体系、制度和改善里面，还可以更多地进一步深入讨论，希望能够有效地解决各类管理问题。

第二章　经理人心智修炼

第一节　经理人成功要素

心理学家研究发现，人的行为是受信念和价值观影响和决定的，其三观（人生观、世界观、价值观）是否正确，几乎决定了他未来的发展和成就。领导者必须要树立正确的三观，才能够推动组织的发展和战略目标的实现。经理人心智修炼的内容就是为了解决这一问题。首先，我们来研究一下影响经理人成功的主要因素有哪些？

一、信念决定成功

掌握了经理人的成功要素也就找到了领导者走向成功的路径。曾经有一个口号是这么说的：观念决定心态，心态决定行为，行为决定习惯，习惯决定未来。主要的含义就是：一个人未来有什么样的命运、发展和成就，最重要的根儿上原因是因为他的观念有问题，有什么样的观念，就会有什么样的人生。假如领导批评下属说，这是你的心态有问题，需要做心理建设。其实，心态的根源就是来自你的信念、价值观和观念。当然，如果把某种信念进行系统化、理论化、文字化，它就形成了一个信仰。

一个人有什么样的信念、观念，就会决定他会有什么样的心理态度，也会影响到他的行为，日积月累就会慢慢地养成习惯，养成什么样的习惯就会影响到他的未来。例如，一个小孩慢慢长大，他养成了很好的学习、阅读、思考和研修的好习惯，因为家长在他小时候就给他灌输一个概念：学习、思考和教育是很重要的，要养成良好的终生研修的好习惯。如果一个家庭有很好的读书学习氛围，家长自己也有很好的读书学习好习惯，就能培养孩子的学习好习惯，这才是所谓的书香门第。多数的“不良”家长自己在客厅里打麻将、追剧、玩手机、打游戏等等，却呵斥着孩子要认真学习、好好写作业，榜样的力量是无穷的，孩子们通常是有样学样，模仿着家长的榜样示范继续前进。可见，学习型家长的观念、行为、习惯和示范榜样，会慢慢地培养孩子的学习观念，形成学习能够带来快乐的情绪感觉和心理态度，主动学习、认真学习，养成了持续学习、终生研修的好习惯，最后能够取得事业上的成功，成为一名专业人士。

二 、成功的冰山模型

影响现代职业人的成功要素有一个理论叫冰山模型——成功的冰山模型，即影响一个人的成功因素类似于海里的冰山。在海平面上面，能够看到的是他的知识、理论、技能和才干。一个人的学历、知识可以看得到证书，有什么样的技能达标也有证书，但是海平面下面的因素可能就看不到了。例如一个人的内在能力和才干，他的态度、情绪、个性就相对比较隐蔽，但通过相处和观察还可以逐步了解和认知，但一个人的人格、想法、信念、信仰等心智、精神方面的因素就隐藏得更深，完全看不见，很难用肉眼或简单观察就可以得到。

现代职业人的成功要素

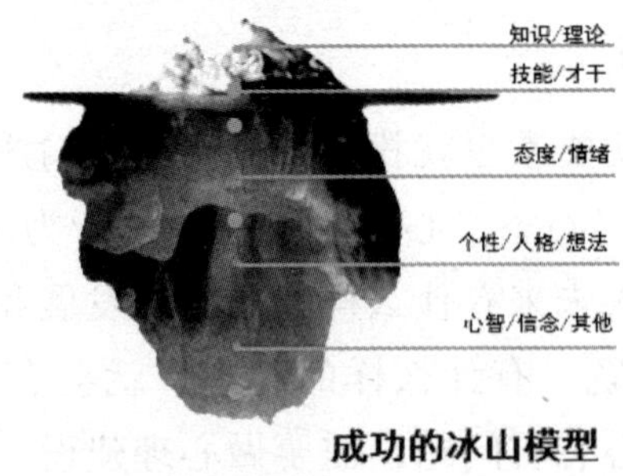

图 2–1

请思考，人的“技能”就等于“能力”吗？不一定。人经过学习练习以后就能够掌握的是“技能”，经过长时间练习后固化的技能才是“能力”。一项技能在初步掌握后，短时间内操作貌似还会，隔了较长时间没有练习就会逐步丧失，甚至会演变、退化成新手。如果一项技能经过一万小时的反复训练以后，技能被慢慢地固化，固化在身体上、融化在血液里，常常会条件反射、下意识地不经意间就能够做出这样的反应和行动，这就叫作技能转化为能力。很多学车拿驾照以后没有开车的“本本族”就是这样的原因，学会开车三年没有碰车，后来就完全不会开车了，这种学会的开车叫“技能”。老司机就不同了，如果他开车连续累计有了1万小时，假设时速是每小时100公里，1万小时就是100万公里里程的驾驶经验，隔了两年没开车，给你一辆车老司机一样能立即开走，这个开车叫“能力”。我们小时候说的母语、家乡话叫能力，但一般中国人学英语，如果缺少语言环境，学了若干年，五年、十年没有应用、没有碰英语，后来就可能全部忘记了，这个叫“技能”。把技能转化为能力需要累积一万小时，管理学称之为“一万小时定律”，就是在某一项技能上进行反复操练、反复演练，叠加累积一万小时以上才有可能成为行业内的专家，任何行业的任何专家都是这样一步一步累积起来的，所谓不积跬步无以成千里。

三、态度决定一切

影响一个人成功的要素是态度，因为态度决定一切。你是积极的态度、还是消极的态度？你碰到问题的时候是归因于内还是归因于外？找自己的问题还是找别人的问题？找自己的原因还是找别人的原因？

有不少领导者常常认为这样不可能、那样达不到，其实是一切皆有可能。不是不可能，只是暂时还没有找到成功、正确、适合的方法。成功一定有方法，千万别说不可能。爱因斯坦说：在每一个不幸之中都蕴含着同量幸运的种子。

成功公式 = 意愿 × 方法 × 行动。在这个成功公式里面，会发现有三大要素：意愿、方法和行动，成功就等于意愿乘以方法乘以行动。大家认为在这三个要素里面，哪个最重要？很显然，意愿排在第一位。一个人如果有了足够的意愿，没有方法他可以去学，可以去找专家内行讨教，可以去探寻和研究。有了足够的意愿，他就可以马上行动，说干就干，立刻就开始行动。可见，成功的第一要素是意愿，有了百分百的意愿，才有可能催生百分百的方法和百分百的行动。这样你就离成功就越来越近了，相信你一定会有一个更加美好灿烂的未来。

四、成功的心理规律

经理人进行心智修炼，专家总结有成功的心理规律七大条，分别是：

第一，成功是因为态度；

第二，我是我认为的我；

第三，我是一切的根源；

第四，决心决定成功；

第五，不是不可能；

第六，每天进步一点点；

第七，山不过来，我就过去。

第一句：成功是因为态度。积极的、乐观的、向上的、正面的观念、心理态度和情绪，会更容易引导人的思维走向正面思维，采取行动、迈向成功。

第二句：我是我认为的我。成功者常常需要进行正面积极的自我暗示、自我期望和自我激励。首先需要设想好：我的未来是什么样的，最好能够写下来和画下来，时刻提醒自己、激励自己。我的未来就是：现在的我设想我未来会成为什么样子，我就有可能会成为什么样子，即：我是我认为的我。我先设想五年、十年、二十年之后我是什么样子，例如我的生活品质、家庭生活、社会地位、名誉和声望，以及我对社会所做的贡献等等，用文字记录描述、具体量化，或者画一张具体的梦想图，贴在墙上每天不断地去自我暗示，再行动奋斗、百折不挠，过了 20 年以后，果然，你就会慢慢地成为原来设想的那样。我就是当初我所设想、认为的我。

第三句：我是一切的根源。在我的工作和生活中发生了差错和问题，问题和过错的责任是谁？谁才是问题的根源？是我。出现的问题、出现的纰漏，是谁有错？我有错。谁的责任？首先要检讨我的责任。或许客观上会有部分原因，别人也有部分责任和问题，可是别人的问题不是需要你来检讨的，你首先要重点检讨好自己的问题和自己的原因，别人的问题可以由他自己来检讨。在企业里，同事之间、跨部门之间常常会出现推卸责任、归罪于外、相互扯皮的现象，出现了问题总是习惯性地找别人的原因，很容易形成找借口、找理由的不良习惯，所以要学会归因于内、自我检讨，出现问题了，我是一切的根源。

第四句：决心决定成功。为了追求人生成功的目标，需要给自己下一个重要的决定，要下一个最大的决心才能够走向成功。决心就是庄重承诺，不达目标就要自我惩罚，决心就是没有任何退路、勇往直前、全力以赴，下决心、给承诺才能逐步迈向成功。所以，不是不成功，关键是你愿意付出多大的代价，采取多少勤奋、努力和行动。任何代价都不愿意付出、消极懈怠，或者只肯付出一般的努力、浅尝辄止，却口口声声说我要得到什么，要取得一定的成就和成功，那是痴人说梦、几乎是不可能的。

第五句：不是不可能。事物永远是在发展和变化的，一切皆有可能，不要用负面的情绪、负面的暗示去阻挡自己，给自己设立障碍和局限，给自己设了一个透明的玻璃墙：看得到、过不去。所以不是不可能、没有什么不可能，一切皆有可能，只要你有努力，古人云：世上无难事只怕有心人。另外，不是不可能的另一层含义是，当我们在分析和解决问题的时候，原因、解决方案和结果都存在着一切的可能性，把不同的所有的可能性都尽量考虑到，提前做好预案措施。解决问题也应该有三个以上的解决方案，不能局限于一个标准答案。

第六句：每天进步一点点。每天学习、成长、研修、进步，坚持不懈、日积月累，不积跬步无以成千里。千里之行，始于足下。哪怕每天坚持写五百字、一千字的文章，那一年累计下来也有几十万字；如果每天能够坚持看书阅读学习五页十页纸，积累三年下来也是不得了的，可以成为该领域的行家里手。正是坚持不懈、滴水穿石，从量变到质变的成功。

第七句：山不过来，我就过去。山是死的，人是活的。假设重重大山是困难和障碍，阻碍了我们去探索外面的世界，我们要敢于面对、迎接挑战，山不能动不会自己过来，我们就主动地想办法越过去。古人云：大丈夫能屈能伸，在碰到很多实际困难和问题时，要考虑得很周全，要学会换位思考，要看到哪些是可控的和不可控的，哪些是我们能掌握和不能掌握的？能不能变换一下以前老的策略和方法？就好像愚公移山，大山挡住了我家的去路，除了我不断挖山，“子子孙孙无穷尽也”，是不是可以有其他更多的办法，例如可以绕过去或者打个隧道，有人还建议说，可以把那座荒山包下来，植树造林、绿化荒山，再搞个农家乐休闲项目，说不定可以成为旅游景点和度假山庄，于是，原来的“愚公”有可能要变成了“富翁”。

五、三级光明思维

领导者解决问题可以有很多的方法，需要有正确的思维方式。碰到管理问题需要来解决，日常管理工作当中应该要怎么做呢？采用什么样的思维方式？建议采用三级光明思维。不要做黑暗的思维，要做光明的思维。

具体是哪三级光明思维？第一级光明思维：辩证法，任何事物都有正反两面，任何事物都可以一分为二；第二级光明思维：相互转换，反面有可能会向好的正面扭转，好的会变成坏的，坏的也有可能会变成好的；三级光明思维：平常心，无论好坏都能激励我的前进。

中国传统文化里有阴阳八卦，阴阳鱼就是一分为二，一个是黑的，一个是白的，一为阴，一为阳，阴中间有个白点，阳中间有个黑点，而且中间分界的是曲线。阴极则阳，阳极则阴。这个阴阳八卦说明了三个道理：第一，世上的事物一分为二，为阴和阳组成。第二，阴和阳之间可以相互转换。第三，阴不可以取代阳，阳也不能取代阴，阴和阳共生共存。阴和阳就好像是这个世界的白天和黑夜，它轮流轮转。也好像这个世界的男人和女人，他们之间相互依存、共生共存，这里面就包含了三级光明思维。

任何事物都可以为分为阴阳或正反两个方面，好的可能会变坏，坏的有可能会变好，无论是好还是坏都能够激励我，不管当下是顺境还是逆境，我都将一往无前、义无反顾。顺境与逆境对人的考验是不同的，在顺境时比逆境更加能够考验成功者的综合素质，能不能戒骄戒躁、保持谦虚谨慎的姿态。但是有很多成功者，往往是英雄难过美人关，终于革命胜利了，可以休息享福了，享受了成功的喜悦，享受了荣华富贵，人就开始春风得意、飘飘然，继而自我松懈、自我放松，自满懈怠、开始坠入了温柔乡而不可自拔。所以，成功人士往往在创业时期、艰苦奋斗的时候都比较容易能够咬牙挺过去，最难能可贵的是：成功了以后，享受了成功的喜悦和荣华富贵的时候，你还一样能咬牙挺过去吗？还能保持清醒的头脑和艰苦朴素的作风吗？恐怕很难，凤毛麟角。

领导者要想迈向成功的人生，需要建立五个正确的心态，分别是：积极的心态、感恩的心态、平常的心态、服务的心态和创新的心态。拥有了这五个心态，你就能够有比较正确的行为，也就能够有一个比较好的正确结果。那我们应该如何来建立积极的心态呢？需要建立哪些正确的好心态呢？

第二节　积极信念改变法

领导者应该如何建立正确积极的信念？需要掌握积极信念改变法。领导者能够把负面消极的信念转变为正确积极的信念，这是一门学问，有专业的技术和方法。在心理学的神经语言程式学（NLP）里面就可以学习到积极信念改变最经典的四个方法。

一、脱困法

什么叫脱困法？人们常常自我否定、做负面的自我暗示，领导者就需要从这个自我负面暗示的困境里突围出来，称之为脱困法。大多数人总是习惯性给自己很多的负面暗示：我不能……这个方面我不行的，那个方面我学不会的，我从小就……比如说，我是学不会游泳的；我是很恐高的；我是学不会英文口语、不会说英语的；我从小记忆力就不行；我从小口才就很差、不擅长演讲等等，这些都属于自我的负面暗示。我们需要把自我的负面暗示转变为正面暗示，把夹在我们身上的枷锁砸掉、挣脱掉，关键点就是把目前的困难和障碍问题转变成“暂时”的状况。我现在“暂时”还不会游泳，如果我能够参加一期游泳培训班（或者找到一个专业的游泳教练）的话，我就能学会游泳。我现在的英语口语“暂时”还不行，但如果我能够报名参加一期李阳疯狂英语班的话，我就能学会流利地说英语。

脱困法转变技术的模式套路就是：我暂时还不能……假如给我什么样的机会和条件，我就能变得好起来、就能学会……所以，把过去负面的自我暗示，转变成具备一定的条件下就可以来解决这个问题。

二、破框法

破框法针对的是有很多人的思想会自我设限，进入了一个自困模式，总是给自己的思想和观念设了很多的条条框框和错误的假设。比如说我们认为对方就应该如此、托付心态等等。

1. 应该如此

第一类误区认为，别人就应该要如此。老板认为：我给员工付薪水，员工就应该努力工作，是吗？员工认为：老板就付我这么多薪水，我就应该这样工作，拿多少钱干多少活呗。普遍存在的错误观念就是：我对别人好，别人就必须、应该对我好；我给你投资，你就应该能够赚到钱、达到我的目标；我们父母花重金给孩子做教育投资，孩子就应该要认真学习、学习成绩应该一级棒；我如此地深深地爱着他，他就应该也要同样地爱着我，应该心无杂念、绝对忠诚；或者我借钱给他，他既然承诺了按时还款，他就应该要按期来还我，不能拖延。要求这么高，难怪我们的生活如此痛苦，幸福指数这么低！实在是因为，我们想得太多了。

谁规定的，别人就应该如此？你可以控制的是你自己，你永远无法控制和左右他人。控制，只会带来反弹、抵触和对抗，这就是牛顿第三定律的作用力和反作用力。实际的真实的真相是什么呢？

第一种，你可以允许你自己疯狂地爱别人（这是单向的），但你无法控制、无法影响对方，也没有这个权力来命令对方也同样疯狂程度地爱你。

第二种，我可以去投资这件事，可是我无法控制这一项投资肯定赚钱、一定是有回报的，搞不好还有可能会亏本。

第三种，我可以控制我不借钱给我的同事或朋友，可以委婉地拒绝对方，或者力所能及地少借一些（控制风险），但我无法控制对方一定会按时把钱全额地还给我。所以想借钱给你的朋友，你就不要指望再跟他继续存在纯洁的友谊了，因为有可能他会还不了（有实际困难），你们的友谊小船可能是说翻就翻。所以，你要给他借钱，你就准备好这笔钱他可能不还了，你能够承受多大的风险。他跟我借 5 万块我承受不了，我能够承受一万块，那我借一万块给他，打一个借条。这个借条放到抽屉里面，我的真实想法是：我这个钱永远都不要了，他有可能会遇到特殊情况，还不上了。我已经做好了最坏的思想准备，那万一他还我了呢？你看看，我每天行善积德、品德靠谱，上天给我一个奖励和恩赐，发给我一个这么大的红包！这样想，你就很开心，心态就很平和，每天生活和工作的幸福指数就很高。假设你借给朋友 5 万，对方说两年会还，结果两年到了，对方却没有还。然后你就开始生气，气得夜里睡不着：这个人讲话这么不算数！

其实，人生缺少智慧就会没得活。我们无法控制别人“应该如此”。没错，按照协议和道德规范，借别人的钱是应该要按期还的，可是我们却无法控制对方。如果发生一些意外状况呢？“诚实守信”条款，是来要求自己的，不是用来要求别人的。再加上，很多世事难料，存在着不确定性，不一定如你所想象的那样，应该这样、应该那样，所以，我们还是接受残酷的现实吧，不要抱怨。

我们的唯一出路是：面对现实，迎接挑战！

2. 托付心态

第二类误区就是托付心态。正确的做法是：我的人生我搞定，我的责任我担当。我自己犯的这个错误，怎么变成了是别人的责任呢？怎么变成是上级和老板的过错呢？你一定见到一些女同胞或者太太们抱怨说：我过这些苦日子，都是因为我嫁了一个没出息的男人。我的幸福生活是由我嫁的男人决定的，这就叫托付心态。托付心态认为：我的幸福生活跟我没有关系，我不能决定的，主要是看我的男人怎么样！如果你这样托付给别人、托付给男人、托付给老板、托付给其他人的事物，而不是依赖于你自己，你一定会有一个可悲的下场。所以，正确的心态是不可以做托付的，因为：我的未来我创造，我的责任我担当，我的幸福美好生活是由我来创造，而不是依托别人、由别人来控制。最起码是我们共同来创造，而不是完全依托别人。

3. 认为没有办法

第三个误区是认为没有办法。这个没有办法，那个不可能，这个没有条件，那个没有预算，别人不支持，就说没有办法。其实，凡事都有三个以上的解决方案，没有什么是不可能的，要从多个方案中反复权衡来做优化选择。

三、换签法

第三个方法叫换签法。如果我们原来的观念问题很严重，我们应该怎么办呢？首先要松动，先把他们的那个土要松一下，然后把树再慢慢地拔出来。这样就可以把负面的标签更换成积极的标签。原来我们给自己贴的是负面标签，比如说：因为我的出身差，所以我也就没办法；因为我爸妈没权势，所以我也就只能这样；因为老板发的薪水少，所以我就少干活。我们应该更换成积极的观念、正面的标签：只有多干活才有可能多薪水；因为我爸妈没有权势，所以我要加倍地更努力，我要完全靠自己。所以，正面标签和负面标签是不一样的，消极标签和积极标签是不一样的，请大家自我检讨一下：你每天在往自己的身上贴的是正面的标签还是负面的标签？

四、换框法

第四种方法是换框法。换框法有两大类：意义换框法和环境换框法。

第一类是意义换框法。意义换框就是把原来认知的含义和理由做改变、做扭转或颠覆。举例：因为我的上级很挑剔，所以我工作不开心。意义换框的技巧可以把它改成：（1）上级很挑剔，所以我工作就更积极，因为我要让他无可挑剔；（2）上级很挑剔，所以我工作更积极，因为上级挑剔其实就是器重我、培养我、重视我；（3）因为上级很挑剔，所以我工作更积极，我要让他无可挑剔，我气死他。所以你会发现因为过去上级挑剔，导致我工作很不开心，现在观念一转则情况大变。

第二类是环境换框法。环境换框就是把所处的环境从劣势转变为优势，或者环境不变，但认知、条件可以改变或解决方法变得更多。举例：有人认为我现在年纪大了、竞争不过年轻人了。我们可以运用环境换框法把它改成：①在年龄大的这种情况下，我有什么样的优势可以竞争得过年轻人？②我如何能够扬长避短、发挥年长的优势与年轻人竞争？③在年纪比较大的客观情况下，我应该如何去跟年轻人竞争？这些就是环境换框法的技巧，转念一想，把陈旧的环境假设变换一下，转变为在同样的情况下，我应该如何做才更好，这就是积极心态。

这就是四种积极信念的改变法：脱困法、破框法、换签法和换框法。

五、领导者的基本信念

领导者只有建立了正确积极的信念，才可以带来未来组织和自身的成功。领导者应该要建立如下正确的基本信念：

第一，合理的是训练，不合理的是磨炼。

第二，有效果也胜过有道理。

第三，解决问题而不是解释理由。

第四，动机和愿望永远没错，只是方法和细节需要纠正。

第五，问题过错首先在我，要做自我检讨，改善思过。

第六，人人都选择个人利益最大化，成本低回报高。

第七，人人都有力量，要么行动在正确的方向上，要么维持在错误的方式上。

第八，太好了，这样的事情居然发生在我的身上，给我提供了锻炼、学习、成长的机会，我应该要好好珍惜。

第九，天下有三件事：我的事、你的事、老天爷的事。管好我自己的事，力所能及地帮助你的事，老天爷的事归老天爷管、不关我的事。

第十，永远要三赢，你好、我好、世界都好。

第十一，每个人都有能力照顾好自己的工作和生活，能独立，敢放手。我可以积极、适当地帮助别人，但是不要包办、不要成为别人免费的保姆（包括子女和爱人），以免培养了对方的依赖性、脾气和任性，我们付出很多不被重视，感到很贱、很委屈，结果是双方都受伤害。

第十二，你能提出问题就能解决问题，解决问题是你自己的事情，每个问题至少要有三个以上的解决方案。

第十三，没有困难，只有不懂，懂者为师，终身学习。

第十四，不断尝试新方法，有效继续，无效重来。

第十五，聚焦于解决问题，而不是谁对谁错，责任大小，谁担责任。

第十六，没有唯一、标准的正确答案，只有当下最合适的选择。

领导者建立了正确的基本信念，相信你一定能够让自己处在一个正确的工作状态，行走在正确的方向和道路上，相信你的未来一定能有一个很好的发展、给组织创造一个很好的未来。

第三节　情商提高与修身

卓越领导者进行心智修炼的重点之一就是情商提高与自我修身。

一、人生的五 Q

心理学家总结过人一共有五个 Q：IQ、EQ、AQ、FQ、HQ。IQ 是智商，EQ 是情商，这两个 Q 大家都比较熟悉。第三个 AQ 是韧商、逆商、挫折商，即面对逆境和挫折的应对能力，就是一个人碰到挫折、失败和打击的时候能不能咬牙挺过去。第四 FQ 是财富智商，即人对财富金钱所保持的正确看法。第五个 HQ 是健商，即身体健康和心理健康的商数。

很多成功学专家研究影响一个人的成功因素，少部分因素是 IQ，大部分影响因素是 EQ。什么叫 EQ，是情商、情绪智商。情绪智商就是关于情绪管理的能力，四种情绪管理的能力：了解自己的情绪，控制自己的情绪，了解他人的情绪，影响和引导他人情绪。

EQ 的第一个层面是了解并控制自己的情绪。一个人能够了解自己的情绪，而且能够对自己的情绪有自控力，不会轻易地情绪失控。有一类情绪状态是“一失足而成千古恨”或者“冲动是魔鬼”，那就是失去了情绪控制和理智，处于疯狂的状态，不是理智、冷静的状态，常常会犯下很多终身后悔的错误。EQ 的第二个层面、更重要的是能够了解别人的情绪、读懂别人的情绪。别人的心理是怎么想的、情绪和感觉是如何的？TA 的这个表情、动作、眼神和语气的背后是什么样的状态？要读懂、读准确，而不是稀里糊涂、不明就里，甚至错误理解、把对方的真实含义读成了反面的意思。第三个层面最厉害，别人的情绪和感觉能否做一些影响和引导，甚至能不能控制住别人的情绪和心理？控制别人的情绪恐怕有点高难度，但可以施加影响和适当引导，情商高的高手常常有这样的能力，心理学也有类似的引导技术。这四种情绪管理的能力叫情商、情绪智商。

有专家研究发现，很多在学校和大学里面的高才生、尖子生和学霸，后来到了社会上工作（混江湖）的时候表现平常、成就一般。这是为什么呢？可能是因为两者的绩效评价规则不一样。学校里的绩效规则是怎样的？学习成绩好，考试分数高，主要靠的是智商，即会考试、能解题、敢刷题。而社会上的绩效评价规则主要靠的是情商，包含人际关系、交朋友，也要加上分析解决问题的能力。在中国社会更加需要人脉关系，需要学会跟人打交道，而不仅仅是跟数字、跟文字、跟机器、跟考试题目打交道。到了社会大熔炉里面，“会忽悠”（情商高）可能胜过了会刷题（智商高），所以常常见到博士生给小学生拎包、当年的学霸给学渣打工的怪现象。

可见，影响和决定一个人的成功，情绪智商更重要，所以要想方设法地尽量提高领导者的情商 EQ。专家研究结果表明，提升一个孩子的智商是比较难的，智商 IQ 大多是与天赋和遗传基因有关，即使做笨鸟先飞、加倍付出，提升到一定程度后就会遇到瓶颈和天花板。但是提升一个人的情商就可以显著地持续不断地缓慢提升，提升的程度会远远胜过 IQ 智商。最好的状态就是智商和情商都能够进步成长，所谓活到老学到老，就是指 IQ 和 EQ 同时进步、共同成长。

人们对余下的三个 Q：AQ 逆商、FQ 财商和 HQ 健商就不太熟悉，也不太理解。比 EQ 更重要的是你的 AQ 高不高，面对挫折、打击和失败时，你会如何应对？能不能调整心态、挺过难关，来一个绝地反弹，迎来最后的柳暗花明又一村。有一些“先驱”就常常会死在冲锋的路上，死在黎明前的黑暗里，就差一步却没有看到希望和光明。也有不少成功企业家在行业周期的严冬，没有能够挺过去，成了为人作嫁的开路先锋和行业先烈。其实，有专家的研究结果发现，比这五个 Q 更加重要的是：当面对胜利、荣誉、富贵、成功和财富时，当你处在成功巅峰、享受荣华富贵的时候，能否不迷恋、不骄傲、不奢靡、不自满，继续保持艰苦奋斗、朴素低调的优良作风。这种基本素质比较难，应该属于什么商数？我们给它取名叫戒商或者叫谦商，即能不能保持谦虚谨慎、戒骄戒躁的状态，这种态度就属于谦虚商数。

二、情绪智商的认知与提升

卡耐基研究对人成功的关键影响因素是什么？ EQ 情商智商占了 85%，IQ 专业技术只占了15%，情绪智商才是影响和决定人生成功的关键因素。领导者要学会了解自己、控制自己的情绪，能够了解别人，而且能够影响别人的情绪。领导者要全面建设自己的心理和情绪，不仅需要掌握理论知识，还要掌握专业技能，更要建立正确的心理态度和信念、信仰。所以，领导者需要从身、心、灵的三个方面来做自我完善和自我建设。

领导者的自我情绪管理首先需要从哪里做起呢？从每天早上能够感受到自己的情绪开始。人总有那么几天不顺利、不方便或者心情郁闷，心理学家研究发现人在一段时期里会有情绪波动曲线，例如一个月里面会有一个情绪曲线，一周可能也有一个情绪曲线，尤其是一天也会有一个情绪曲线，即一天的上午、中午、晚上或者夜里情绪会不太一样，发生什么样的事情对你情绪的影响也会有所不同，所以，情绪管理和提升情绪智商要认知自我的情绪开始，再慢慢过渡到控制自我情绪和影响引导他人情绪。

三、人格修炼和提升——修身

领导者需要进行人格修炼提升，需要不断地加强自我修身。其实，修炼的道场并不在深山老林里，道场就在人间，职场即道场，人间即修炼。所以有大师曾经总结过四句话：工作之中享受快乐；困境之中磨炼意志；团队之中自我超越；红尘之中感悟人性。

我们针对领导者的自我修炼，总结了四句话，修身八法门：

自悟自度，反求于己；

感恩平常，活在当下；

敢于担当，放下名利；

顺势而为，大彻大悟。

修身八法门，貌似还有一点点修禅的味道，修禅就是高层次的修身。

当我们去玩那个VR虚拟现实游戏时，你带上VR眼镜就会发现虚拟的空间非常逼真。那么，你在虚拟现实里面看到的那些景色和事物，到底是真的还是假的？你一定会说，当然是假的，可是你放下VR设备，回到现实当中看到的这一切是真的还是假的呢？有很多外在的东西，如名利、权势等等，是你暂时拥有一段时间，其实这些东西并不真正为你所拥有，你反而会成为它们的奴隶，被它们所束缚。70年产权的房子真的是你的吗？你真的有房屋的永久所有权吗？不是，你只不过是70年的使用权而已，而且你也不太可能会使用70年，你在一个房子里不会活得那么久。你可能会换新房，老房屋也会拆迁新建。我们租房东三个月的房子，租的只是三个月的使用权而已，那个房子的所有权也不真正地归房东，因为70年以后其所有权就没有了。人大概一辈子也就是活70年，人活70年也就是一个房屋的所有权期限而已。人生有很多事情想开了就会豁然开朗，想不开就会成天愁眉苦脸、唉声叹气，最后可能会忧郁而终。医学研究结果，心情忧郁比心情开朗的人更容易患上癌症，看来古人有大智慧，真是“笑一笑、十年少”。

四、活在当下，成就自我

可见，不要因为外界的名利、一时的利益长短、一时的金钱财富得失而捆绑了我们，搞得我们斤斤计较、患得患失、成天不开心。当然，有放下的心态并不是消极厌世、懒惰放弃，而是积极进取之后，对最终的结果不必患得患失、耿耿于怀，所谓谋事在人成事在天，这次不成，下次继续。所以，人生的快乐、愉悦和自我提升，我觉得这是人生中最重要的事情，这个就叫领导者人格的修炼和提升。

活在当下 怡然自得

春有百花秋有月，夏有凉风冬有雪。

若无闲事挂心头，便是人间好时节。

有古人写了一首诗，大意就是：人要活在当下。他是这么说的：春有百花秋有月，夏有凉风冬有雪，若无闲事挂心头，便是人间好时节。做人要乐观一点，豁达一点、开朗一点，该吃吃、该喝喝，努力地工作，玩命地娱乐。人生要美好，不一定要追求美满、十全十美，可以追求美好，即主要的部分很美好。人生要快乐，要活得很有意义，尽量能够做自己很有兴趣、喜欢的事，追求自己认为有价值、有意义的事情。所以，不要忘记了我们做事的最原始动机，这个就叫不忘初心、回归原点。

建议大家最好是能够把谋生和乐生相结合，不要为了谋生而丢掉了快乐。如果谋生工作成为一件无比痛苦的事情，那这样的事情怎么可能会做出卓越成绩呢？怎么可能会有伟大成就呢？所以工作本身其实就是一种奖赏，它就是一种奖赏的结果，而不仅仅是奖赏的手段。奖赏并不仅仅是物质、金钱、权势和财富，活着本身就是上天对我们的最大恩赐，不信你常常去墓地看看，多参加几次追悼会，你就会有久违的感慨：活着，真好！美好的家庭、孩子成长和天伦之乐，就是人生最大的幸福，我们拥有了如此多的财富和如此多的快乐，一生何求啊？我们还有什么不满足的？为什么每天还要那么焦虑、那么忧愁？所以，现代人的人格修炼不如古人，古人很多修身的观念很值得我们今人来学习和借鉴，这就是：活在当下，成就自我。

第四节　优秀经理人的特征

领导者从优秀走向卓越，一定需要了解优秀经理人的主要特征，包括从思想观念、心理情绪状态和行为举止各方面，然后从外表到内心都进行模仿和学习借鉴，就能迈上成功之路，这就是标杆学习的基本原理。

一、优秀经理人的十大工作方式

优秀经理人有十大工作方式：

1. 把公司视为自己全身心投入的对象，全力以赴；
2. 把自己设想为老板，以老板立场要求自己的工作细节；
3. 有责任心的对待每一件工作，不可疏忽；
4. 理解上司，替其解决问题并做好；
5. 谦和待人，忠诚为本，信用第一；
6. 关键时刻，展露智慧才华，表现自己；
7. 具有组织和领导能力；
8. 时刻表现创新意识，让自己的工作变成聪明人的游戏；
9. 踏踏实实地做人，不过多的张扬和夸大自己；
10. 面对挫折困境，像战士一样坚强，并能找到突破口。

这十条优秀经理人的工作方式很值得大家去思考和借鉴，而且尽量去付之于行动。其中第八条：把工作变成聪明人的游戏，就是不可以把我们的工作、学习当成是用来谋生的痛苦手段，如果每天上班工作很痛苦，忍受一段时间后累积到极限值就会崩溃或者放弃，因为：我已经忍受很久了，现在终于解脱了。或者，是可忍孰不可忍，放弃就等于解放。领导者可以转换“工作很痛苦”的信念，变成：我们是在创造工作价值，是给客户带来价值、服务于他们，帮助他们解决问题、创造快乐。而我们创造价值本身就是很快乐的，过程和结果都很快乐，物质利益和精神荣誉双丰收。领导者如何把工作变成了聪明人的游戏，能够带来由内而外的精神愉悦——快乐，这是非常值得领导者注意和调整的。

另外有一条很重要但又很纠结的是：在公司里面是要表现自己呢，还是不表现自己、保持低调呢？如果我们过于表现、很张扬，枪打出头鸟！恐怕没有好下场，会受到别人的妒忌和排挤。但从来从不显露张扬、表现很内敛、不敢崭露头角，谁会来提拔你、重视你呢？你又怎么会有一个很好的人生发展呢？所以，到底是表现、还是不表现自己，需要找好一个平衡点，所谓“中庸之道”的古人智慧。我们的建议是：做事要高调，做人要低调。工作上需要严谨踏实、一丝不苟，处理人际关系上需要谦虚谨慎、戒骄戒躁，不过多地张扬和表现自己。但是如果出现关键时刻，我们也需要抓住时机露一手，适当展露一下智慧才华，展示和表现一下自己，实现咸鱼翻身、登堂入室，这才是中国人的千年大智慧，这一点的确需要“悟”。

优秀经理人的十大工作方式大多数是有难度的，属于是高标准、严要求。例如：要全身心投入、全力以赴，要敢于担当、负起责任，要认真工作、不可疏忽，以老板的立场来要求自己，这些恐怕都很难做到，为什么？因为“屁股决定脑袋”，每个人的立场、利益和角色不同，想法和做法当然会不同。打工和老板的立场不同，当然心态和行动会截然不同。其实，如果打工者能够长期以老板的心态来做工作，他慢慢地就会变成老板，至少会成为老板的合伙人、小股东，因为你是老板认为值得信赖、有担当、敢负责的准老板，因为你先有了老板式的工作态度。相反，如果你永远都是用打工的心态，认为“老板给我多少薪水，我就做多少事情”，你一定就会消极怠工，用行动来表达你的抗议和不满，你就会慢慢地离开老板或者被老板淘汰。你会永远打工，永远都在找工作，永远都在贫困线上挣扎。

年轻的领导者不太容易做到，常常掉进陷阱、犯了不少错误的一条就是：理解上司，替其解决问题并做好。大多数领导者却是走到了反方向，需要“上级要来理解我、激励我”，因为TA认为：我一直在努力付出、默默奉献，却没有得到相应的奖励和表扬，我很委屈呢。老板，你赶快来安慰一下“本宝宝”吧！不然我就要罢工了！显然，领导者这就把自己放在一个弱者的位置、儿童的角色，需要有人天天“哄着、给糖果”才能好好干活，这属于心智不够成熟的典型表现。请对照一下，我们有没有类似这样的现象？假如有，应该怎么改进呢？

可见，优秀经理人的十大工作方式非常的棒，非常值得领导者学习和模仿。

二、从主动到卓越

优秀经理人都有一个显著的共同特征，那就是主动、积极而且有责任心，认真对待工作，尽其所能，比别人更多付出、表现更优秀。这就是从主动到卓越，主动是你的工作态度，而卓越是经理人积极进取之后取得的结果。几乎所有的优秀经理人都是非常积极主动、敢于担当负责和善于换位思考的。积极主动、敢于担当就体现了经理人高度的责任心，是不可或缺的一个成功密码。

优秀经理人的积极主动常常会表现在两个方面：第一表现在主动的工作态度，第二表现在主动的工作关系。

经理人的第一个积极主动是主动的工作态度。具有强烈的责任心是经理人迈向成功的最基本的必要因素。如何建立主动的工作态度呢？建议领导者采取以下的行动：

第一，持续的认真和表现出色是无价之宝。

第二，运用主动热忱的法则，一分投入一分回报。

第三，主动捕捉机会，善于垫高自己卓越的台阶。

第四，登上上司的优秀下属名单，赢得上司的信任。

第五，在芸芸众生之中能够发现你自己，崭露头角。

第六，主动修正目标，积小步成大步。

第七，对准目标发力，集中精力聚焦做好一件事。

第八，把大目标分成小目标和里程碑目标，分阶段的成功和小目标成功叠加起来就是最后的大目标成功。

经理人的第二个积极主动是主动的工作关系。有不少领导者自身的工作能力挺强，但是不太注重上下级和周边同事的工作协同和人际关系协调，大大影响了团队和组织绩效的达成。与同仁建立主动的工作关系，是领导者走向卓越的必由之路。给领导者的行动建议有：

第一，要掌握亲和力原则，向领导主动报告工作，与同事主动沟通。

第二，靠行动和成绩证明自己的能力，这是让领导和同事认可的第一法则。

第三，敢于抓住适当时机陈述己见，用书面加口头沟通则更好，以巧妙方式推销自己、展示自己，创造晋升机会。

第四，要学会发现人际关系和团队协作的力量，主动应对和协助同事，主动协助同事解决工作难题，绝不是拆台、不是冷漠和清高，也不是爱理不理。

第五，要做一个讨人喜欢、诚恳谦虚和真诚的工作伙伴，主动学会消除矛盾、消除误会，主动沟通、积极协助。

第六，要学会洞察别人心理，以同理心和换位思考与大家相处，视同事为达成共同目标的绩效伙伴，照顾别人的自尊，给人留有面子、留有台阶。

第七，积极主动，认真做事，好好做人，讨人欢喜，还要谦虚谨慎，不断学习进步。

以上这些要求是不是很难？不要急于求成、追求完美主义，可以一步一步地来，逐步提升领导者的情商 EQ。自我工作态度是积极的，与同事关系也是积极主动的，这样能够做主动积极有责任心领导者，比较难但也的确是非常的了不起。

三、职业化发展的铁律

领导者职业化发展的铁律一共有三十条，这三十条是以美国西点军校《二十二条军规》为基础、作为参照，结合领导者的特性来加以完善的，请看：

1. 组织和公司的利益高于一切。永远把组织的利益放在第一位，而不是个人和小团队小山头利益。

2. 组织和团队永远至高无上。没有组织和团队力量支撑的个人只是游兵散勇，必然是孤掌难鸣。

3. 我就是组织和公司的代言人，而不是只代表我自己。

4. 影响力就是生命力。领导者必须建立和发挥个人的影响力。

5. 细节决定成败，魔鬼出于细节。不注重细节的领导者不会成功。

6. 要么上去，要么出去（UP OR OUT），成长如同逆水行舟，不进则退。

7. 认真面前没有困难，人世间最怕认真二字。

8. 积极主动，争做第一。

9. 专业敬业，无可替代。

10. 沟通协调消除障碍。

11. 用老板的标准要求自己。

12. 不要借口，只要结果；只有结果才是衡量领导者绩效的唯一标准。

13. 撸起袖子立即干活；空谈误国，实干兴邦。

14. 小慈是大慈之贼，小利是大利之贼；小的仁慈其实是伤害，盯住蝇头小利会损失更大的利益。

15. 成功三要素，目标、计划和时间。

16. 程序重于资源，规范优于指令，检查胜过布置。有资源不善于利用只会捧着金碗在讨饭，依据规范和程序作业而不是等待上级的指令，布置工作不检查等于没有布置，因为下属只会做上级检查的工作而不是布置的工作。

17. 亲临一线，决胜天下；领导不下基层一线，就可能会被下属蒙骗。

18. 迅速响应，价值体现。

19. 三人行有我师，学到老活到老，保持终身学习和研修的习惯。

20. 敢于担当，推诿可耻；有责任心才会有尊严。

21. 价值、成就由客户评说，客户的满意度才是终极目标。

22. 聚焦目标，奋勇前进；目光离开目标所看到的一切都是障碍。

23. 有张有弛，规矩适度；保持中庸、不偏激的平衡状态。

24. 不断进取，开放心态；有容乃大，海纳百川，才能兼收并蓄。

25. 做对的事，把事做对；选择比努力更重要，要有所为有所不为。

26. 简单简单再简单，准备准备再准备；简单易行才是大智慧。

27. 做人要低调，做事要高调；为人谦虚与认真做事是优秀的一体两面。

28. 做足一百分只是本分；不值得作为讨要奖赏的理由。

29. 专业精神就是服务精神；专业服务才能创造价值。

30. 珍惜自己的职业声誉；职业荣誉是日积月累而成的。

这三十条职业化发展的铁律，非常值得各位领导者去认真对照、认真检讨、进行反思，请思考：对照这三十条铁律，我在职业化心态建设方面还有哪些做得不够？哪些做得不足？找出三条做得不够的消极心态或负面观念，看看应该如何来加以改善呢？

第五节　人际性格解析法

在经理人心智修炼方面有一个重要的技巧就是要掌握人际性格解析法。每个人都有自己独特的性格，俗话说："江山易改、本性难移"，人的性格不容易改变，也会影响到人的命运。那人的不同性格应该怎么区分和应对呢？国际上有一种性格分析的方法就叫人际性格解析法或者色彩性格法。著名的电视节目主持人乐嘉老师过去做管理培训师时，曾经专门讲过这门课程，后来做了《非诚勿扰》相亲节目之后就名声大噪比较出名了。关于性格分析这门课他比较权威。大家可以到网上去学习他的课程。

一、性格解析的纵横轴

性格解析就是按照人的个性在外向、内向、重人际和重事物等四个指标把它划分为四种性格类型。首先理解一下四个指标的含义：

什么叫外向？外向就是急性子，具体表现就是快：走路快、说话快、反应快、吃饭快、上厕所也很快，口头禅就是“快一点啊！急死人了”。内向就是慢性子，行为表现就是慢：走路慢、说话慢、反应慢、办事慢、吃饭慢、上厕所也比较慢，口头禅就是“不要急，等等我，慢慢来”。你很着急但他不着急，是个慢性子。

重人际是比较感性、为人热情，重事物是比较理性、冷静思考。重人际的感性表现为好交朋友、热情洋溢，相对比较外向、开放一些，比较感性冲动，认为“四海之内皆兄弟”，很容易热血冲头。重事物的理性表现为冷静、理智、客观，喜欢分析、思考、判断和怀疑一切，遇到事情都要讲逻辑顺序，都要讲事实、讲证据，有自己的独立思考和判断。

所以，一个是急性子，另一个是慢性子，一个是热情（hot），另一个是冷酷（cool），这样就形成了四种人际性格：活泼型、力量型、和平型、分析型。

二、四种不同的性格

每一种人际性格都有它的代表性动物、标志性颜色和潜在的欲望。外向且重人际的性格叫活泼型，外向且重事物的性格叫力量型，内向且重人际的性格叫和平型，内向且重事物的性格叫分析型。

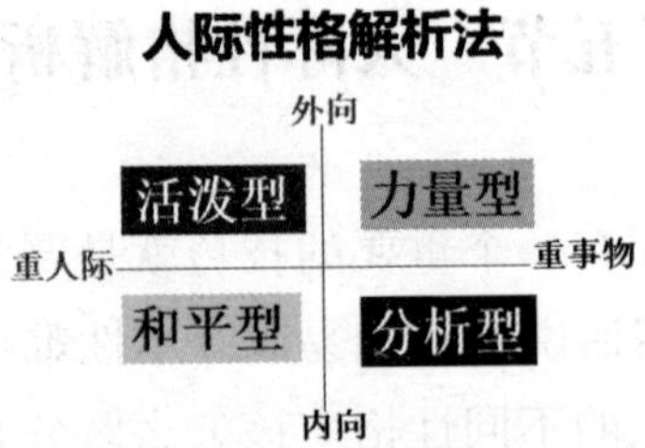

人际性格解析法

	外向	
重人际	活泼型	力量型
	和平型	分析型
	内向	重事物

图 2–2

活泼型性格的代表性动物是孔雀和猴子，活泼好动爱显摆，标志性颜色是红色，潜在的欲望是表现欲。常常表现为：你看我很漂亮吧？显摆、嘚瑟和炫耀，孔雀为什么会开屏？我们拿一朵鲜花摇一摇，引诱它、逗逗它：这朵花很漂亮！

孔雀生气了，为了要证明它的尾巴比你的鲜花更漂亮，它才开屏展示。猴子的主要表现特征也是活泼好动、不安静。这就是典型的活泼型性格特征。

力量型性格的代表性动物是狮子和老虎，标志性颜色是黄色，潜在的欲望是控制欲。常常表现为：你敢不听我的，我要让你死得很难看！这就是力量型性格。狮子和老虎都是动物之王，民间说：老虎的屁股摸不得。狮子是西方人认为的动物之王。黄色代表了黄金、阳光和有权势，有重大影响力和控制力的铁腕人物。

内向、重人际的性格是和平型，和平型的代表性动物是海豚和熊猫，标志性颜色是绿色，潜在的欲望是安稳欲，即安定和稳定。我们中国人就是典型的和平型性格，你看是温顺的、大型动物海豚和熊猫，国际上常常把中国人比成熊猫，体形很大，但是憨憨的、很友善，不像北极熊很有攻击力、很有战斗力。温顺的大型动物，体型很大，但它追求安定、稳定，相对趋向于比较保守，不喜欢变化和争斗，也不喜欢显摆炫耀，比较含蓄和内敛。

分析型性格的代表性动物是猫头鹰和啄木鸟，标志性颜色是蓝色，潜在的欲望探索欲。猫头鹰的表现是很机警、很严谨、很小心，啄木鸟叮虫子常常坚持不懈，属于“不达目的不罢休”。蓝颜色有特点，最辽阔的天空和大海都是蓝色的。深蓝色代表着深邃、有名堂、有层次和神秘。分析型性格的欲望是探索欲，就是有探索精神，英文是 discovery，永远要追问这是为什么？喜欢探索、分析和研究。分析型的性格也叫完美型，喜欢追求完美：打破砂锅问到底，冷静、理智、分析、思考、判断，而且是性格内向、慢性子，碰到问题总是要拿事实、拿证据，喜欢讲道理，平时的行为处事比较严谨、比较谨慎。

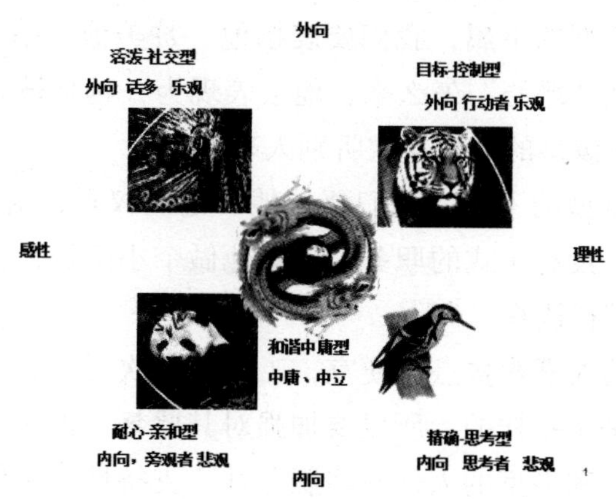

图 2–3　四种不同性格的主要特征

三、四种性格与人尽其才

四种不同性格类型的人适合做不同的工作岗位。在部门团队里面，活泼型的人比较适合做文艺宣传，例如啦啦队、鼓乐队和文工团，力量型的人适合做管理和团队领导，可以作为后备领导者培养，和平型的人适合做服务工作和调解工作，分析型的人适合做技术开发和财务会计。可见，没有最好的性格，关键是要放在合适的位置上发挥其作用。好的团队也需要成员之间能够性格互补、优势互补，主要的团队才会有战斗力。

每个人的性格都属于是组合式的，四种性格和颜色都占有一定的比例，占比高的、超过 50% ~ 60% 以上的一二种性格就形成了倾向性，出现了明显的个性组合。如果四种性格几乎均分，那就是第五种性格——整合型，代表性动物就是变色龙，外部环境需要你扮演什么样子，他就能转变为那个样子和颜色。举例说明组合型性格，《西游记》里的孙悟空是什么性格？是活泼加力量型。八戒是什么性格？和平加活泼。沙僧是什么性格？和平加分析。唐僧有点小复杂，是力量、分析、和平的三者组合。唐僧身上的活泼型性格表现最少。

四、如何管理不同性格的下属

请大家去思考，不同性格的下属，我们应该怎么去管理他和与之沟通？不同性格的上级，我们应该怎么去沟通和工作配合啊？不同性格的客户应该如何去进行营销和沟通？大家课后回去认真思考。我们这里来稍加点拨一下，不同性格的下属应该怎么来进行管理？

第一，针对活泼型的下属，我们要表扬他、赞美他、拍他的“马屁”，公开场合公开表扬，怎么“恶心”怎么来，他会表现为：越是被表扬就越嘚瑟、越开心、越兴奋，因为活泼型的人最喜欢听别人表扬了。

第二，针对力量型的下属，我们要给他一定的权限、给他一定的管理位置，让他进行管理团队，没有正式的职务，就让他做个小队长，力量型的人就喜欢权力和控制，而且做事很认真。

第三，和平型的人喜欢贪点小便宜，工作时喜欢耍一点小聪明，领导在与不在其工作表现肯定是不一样的，所以要加强对其监督，也需要针对和平型的人弄点小恩小惠。可以让和平型的人做一些服务性、支持性的工作，或者做调解性的工作也不错。和平型的员工在工作时有可能会比较拖拉，所以要加强进度监管、加强现场监督，防止他偷懒或者拖延。

第四，分析型的下属通常是好员工，只要上级把工作交给他，他一定会做得很棒，执行力很强。但是，分析型的下属喜欢抬杠、钻牛角尖，可能在人际关系方面也会有些小障碍，所以需要帮助分析型的下属去解决一些人际关系的困境，帮助和协助他解决一些人际关系的矛盾。

性格测试：这是一个性格测试的量表，每个人测试下来的ABCD的四项分数会有所不同，每一项代表着一种性格特质。整合型性格的的标准是每项10分，ABCD四项分数加起来一共是40分。

优点	A	B	C	D
1-	□生动	□富于冒险	□善于分析	□适应力强
2-	□喜好娱乐	□善于说服	□坚持不懈	□平和
3-	□擅于社交	□意志坚定	□自我牺牲	□顺服
4-	□使人认同	□竞争性	□体贴	□自控性
5-	□使人振作	□善于应变	□受尊重	□含蓄
6-	□生气勃勃	□自立	□敏感	□满足
7-	□推动者	□积极	□计划者	□耐性
8-	□无拘无束	□肯定	□有时间性	□羞涩
9-	□乐观	□坦率	□井井有条	□迁就
10-	□有趣	□强迫性	□忠诚	□友善
11-	□可爱	□勇敢	□注意细节	□外交手腕
12-	□令人高兴	□自信	□文化修养	□贯彻始终
13-	□富激励性	□独立	□理想主义	□无攻击性
14-	□感情外露	□果断	□深沉	□尖刻幽默
15-	□喜交朋友	□发起者	□音乐性	□调节者
16-	□多言	□执着	□考虑周到	□容忍
17-	□活力充沛	□领导者	□忠心	□聆听着
18-	□惹人喜爱	□首领	□制图者	□知足
19-	□受欢迎	□勤劳	□完美主义者	□和气
20-	□跳跃型	□无畏	□规范型	□平衡
缺点	A	B	C	D
21-	□露骨	□专横	□忸怩	□乏味

22–	□散漫	□无同情心	□不宽恕	□缺乏热情
23–	□唠叨	□逆反	□怨恨	□保留
24–	□健忘	□率直	□挑剔	□胆小
25–	□好插嘴	□急躁	□无安全感	□优柔寡断
26–	□难预测	□缺同情心	□不受欢迎	□不参与
27–	□即兴	□固执	□难于取悦	□犹豫不决
28–	□放任	□自负	□悲观	□平淡
29–	□易怒	□好争吵	□孤芳自赏	□无目标
30–	□天真	□鲁莽	□消极	□冷漠
31–	□喜获认同	□工作狂	□不善交际	□担忧
32–	□喋喋不休	□不圆滑老练	□过分敏感	□胆怯
33–	□生活紊乱	□跋扈	□抑郁	□腼腆
34–	□缺乏毅力	□不容忍	□内向	□无异议
35–	□杂乱无章	□喜操纵	□情绪化	□喃喃自语
36–	□好表现	□顽固	□有戒心	□缓慢
37–	□大嗓门	□统治欲	□孤僻	□懒惰
38–	□不专注	□易怒	□多疑	□拖延
39–	□烦躁	□轻率	□报复型	□勉强
40–	□善变	□狡猾	□好批评	□妥协
总分	______	______	______	______

所以，没有无用的下属，只是由于你放错了地方，没有做到人尽其才。针对不同性格的下属，有不同的领导方式，孔子认为教育要因材施教，我们搞管理和做事也需要因地制宜，不同性格的人需要有不同的相适应的管理方式，这就是人际性格解析的应用技巧。

请大家课后进行思考：针对不同的上级和不同的客户，我们应该如何去应对呢？

第六节 经理人职业生涯规划

一、职业生涯规划内涵

世界上所有的成功都是被设计出来的。专家说：选择比努力更重要，勤奋努力只有在正确的方向上才会有好的预期成果。每个领导者都需要先瞄准好未来的发展目标，做好职业生涯规划，然后勤奋努力，一步一步迈上成功之路。

每个人的人生结果和成就会有很大的差异和不同，哪怕原来的基础和条件差不多，后来的努力和付出也相似，最后的结果也会有很大的差异。曾经被看好的人才，为什么最后会非常平庸和走向失败？一共有四大原因：一是没有目标、随波逐流；二是目标太大、挫伤锐气；三是目标太小、潜能浪费；四是背离时代、方向错误。所以，人生在职业刚刚出发的时候就应该认真做好职业规划，即职业生涯规划。

每个人都要学会掌握自己的命运，在这个世界上唯一能够真正控制你的是你自己，不是其他人也不是老板或父母。如果你不掌握命运，就会有人来替你掌握，你就可能会被命运掌控，你的老板、朋友甚至是下属或者客户就会来控制你的命运。如果我们是一个航行的水手，虽然我们无法控制方向，但是我们可以控制和调整船帆的角度，使得不管海上刮什么样的风，我们都可以调节船帆，都可能借到一定的力量朝着我们既定的方向前进。

二、职业生涯规划的休普模式

职业生涯规划发展里面有一个理论叫休普模式。休普模式即分阶段角色定位，在不同的年龄段人们的角色定位是不一样的。休普认为人生可以分为四个阶段：一是在 30 岁之前是探索阶段，主要角色是学徒；二是 30 岁到 45 岁之间是立业阶段，主要角色是同事，所谓三十而立；三是 45 岁到 60 岁之间是维持阶段，主要角色是导师；四是 60 岁之后是离职退休阶段，角色就是元老。

在三十岁之前你就是个学徒工，所以不要跟公司跟老板提出很多的要求，因为你还是个菜鸟，公司在花成本培养你。我跟很多年轻人说，在三十岁之前不要跟公司谈价钱、谈薪水，为什么呢？因为你还没有资格，还没有足够的砝码和分量去跟公司讨价还价。公司老板把你放到一定管理职位上，三十岁之前就放手让你做主管、做领导干部，这属于是小鬼当家啊！这是对你的重视，给一个平台、给一个机会让你锻炼、成长、学习，不断积累经验，将来能够为企业做出一定的贡献，因为你还是一名学徒。当然，在三十岁之后你是不是开始崭露头角啦？三十岁到四十五岁（最多到五十岁）之间是人生最重要的成长黄金阶段，年富力强，精力最充沛、经验最丰富。人在三十到五十岁的这二十年里面，是人生最重要的职业发展阶段，你能不能迅速成长、取得一定的人生成就？这个时候你要成为骨干同事，是最有战斗力的主力军。到四十五岁至五十岁左右的时候，你就要开始成为导师，对年轻一辈、后生们要开始传帮带。成为专家导师的你，必须能够在某些方面，如某一个专业、领域或技术要成为行家里手，才能发挥导师的培训和传承的作用。

要成为行业的专家，有一万小时法则和聚焦法则。一万小时法则就是需要叠加一万小时的训练和经验才有可能成为行业专家。聚焦法则就是在一英寸的地方深挖一英里，也叫针尖法则。要学会聚焦，集中优势兵力实施各个击破，形成一定的行业权威。

当然六十岁之后我们就可以退休了，继续发挥余热。这是按照不同的年龄段有不同的角色定位，叫职业生涯规划的休普模式。

三、职涯规划的霍兰德理论

职业生涯规划里面比较重要的一个理论叫霍兰德职业类型理论。霍兰德把人的职业类型分为六大类，分别是现实型、艺术型、调研型、社会型、企业型和事务型。

什么叫现实型？就是手艺人和工匠，靠劳动技能、有技术含量的工匠，所以无论是剪头、缝纫、炒菜或者是维修工程师等等，这些都属于现实型，手艺人或者匠人、工匠、工程师。

什么是调查型呢？即调查研究和分析，例如科研工作者、科学家、调查研究人员、侦探、律师，这些职业都属于调查型。

艺术型呢？就是艺术家，唱歌、跳舞、美术、书法、话剧、小说、拍电影、演员、作曲等等这一类艺术家。

图 2–4

社会型呢？就是有一定的社会影响力、社会关系和人脉的人，比如说商人（稍大一点规模）、中小业主、小企业家、老师、演讲者和社会活动家等等。

还有一种叫企业型，也叫政客、政治家型。例如大企业家像李嘉诚、比尔·盖茨、马云这样的大企业家，有重大影响力和权威的政治家，叫政客型，例如普京、罗斯福、丘吉尔等等。

最后一种叫事务型，就是服从、执行、协助和配合等等，例如办事人员、秘书、助理人员、工作人员，就像西游记里的八戒和沙和尚，类似这样打下手的后勤工作就叫事务型。

每一个人的职业都有天生的特性（禀赋），但是每一个人的职业特性和禀赋，与我们目前所从事的职业类型是不是相匹配呢？就是工作类型和你本身的特质类型是不是吻合匹配？如果可以吻合匹配就很棒，你会发自内心地喜欢它，就会很痴迷地投入它、忘我地工作，你的水平也会慢慢越来越高，很快地成为专家。而且你还不是冲着钱去的，因为你喜欢，工作时能够带来很多的乐趣，工作过程也很快乐，这就是职业生涯规划的最好境界，也是理想状况。

举一个例子，赵本山出道成名之前是铁岭市地道的乡村农民，有承包责任田的农民。农民的种田工作属于是什么型？现实型。可是赵本山后来成名了，是全国的春晚笑星，就成了艺术型。他还搞了本山传媒集团，还买了私人飞机，这个就是企业型了。所以，你发现赵本山是艺术型、社会型和企业型，但实际上当初他是农民，是现实型，所以这个工作与他匹配吗？不匹配，赵本山种的责任田亩产肯定不高，因为他不擅长、不喜欢、不钻研，可能地里都长满了杂草。

所以，职业规划并不是一定需要专业对口，而是你的个性、特质要与职业类型相匹配、吻合。能够匹配、基本吻合的，就是一个有幸福感的快乐职业，未来也多数有可能会出成就，因为你喜欢又擅长。我们个人在选择职业或者在培养下属的时候都要注意到这一点。

四、十项美好人生和八大智能

有人总结过美好的人生有十项要素，分为软素质、硬素质、小圈子、大圈子、价值回报等几个类别。一是精神，二是修养，三是健康，四是才学，五是爱情，六是家庭，七是朋友，八是社会，九是事业，十是财富。这十种要素如果都有了就叫十全十美，就是美满幸福的人生。

你想要追求十全十美吗？想要完美和美满的幸福吗？你都这么完美了，那别人该怎么办？所以，我们建议追求“美好”的人生，最好不要“美满”的人生。因为古人说“满招损”啊，太满了以后可能就会带来一些灾难和大麻烦。我们在这十个因素里面，看看能不能找到五个以上的因素满足，我觉得你的人生就是很美好的，也是很幸福的了。

心理学家的研究表明，每一个小孩一出生，他至少会有八大智能中的某一些特殊智能是可以加以重点培养成才的，每一个智能都对应着某一类名家：

数理逻辑——数学家

语言表达——文学家、演说家

空间想象——天文学家、建筑学家

音乐韵律——音乐家、舞蹈家

色彩美感——美术家、设计师

肌体协调——运动家、武术家

人际关系——企业家、社交家

自省深究——哲学家、宗教家

八大智能每一个智能加以培养都可能是取得成功、成名成家的。所以，我们去看看，我们的小孩，未来他有可能会成什么名、成什么家呢？

五、人生管理的模块和步骤

人生的职涯规划和职业管理，其实就是人生管理，应该包含四个模块。

人生与职业管理

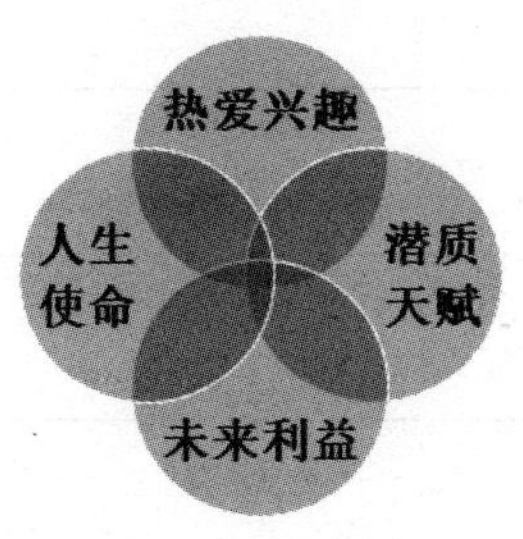

图 2–5

第一，热爱兴趣。要做你热爱的工作，有兴趣、有热情的事情，做这件事情我喜欢、有热情、感兴趣、很痴迷，能够带来快乐。总之，很热爱、有激情。

第二，潜质天赋。做你有潜质、有禀赋、有能力、特擅长的事情，我喜欢做，而且还擅长做，我具有这方面的天分、特质和天赋。有时候，天才是挡不住的。

第三，未来利益。符合未来发展的大趋势，做将来会有大利益的事情，现在不赚钱、少赚钱没有太大关系，将来有可能会赚钱或者有回报就可以。也不一定完全只是金钱或利益回报，也有可能是名望、地位和荣誉，例如为社会做贡献、社会价值或者经济价值等等。

第四，人生使命。做这些事情，是不是符合你的人生使命和人生梦想？你确定有人生使命和梦想吗？大多数人可能并没有人生使命，只要能赚钱就好。

如果达到这四个模块的相互契合，那你就是人生大圆满、大成就了。

领导者迈向人生的成功有四部曲：

第一要清晰目标；

第二要形成积累；

第三要局部优势；

最后能够临界突破。

古人云，凡事预则立，不预则废。人生和职业管理也是这样，主宰你一生和命运的只有你自己。如果人生不做规划，将来发展的结果会是什么样呢？如果不规划一定难以想象，所有的成功人生都是规划出来的。

人生规划管理表

人生使命 活着的意义	
核心信念 座右铭	
五年目标 二十年目标	
行动计划 与步骤	

承诺人：　　　　　　　　　　　日期：

课后作业：按照人生规划管理表分别来填写一下：人生的使命是什么？活着的意义是什么？核心的信念和座右铭是什么？五年、十年、二十年的目标分别是什么？你的具体行动步骤是什么？

第三章　公众演讲与表达的技巧

第一节　演讲和沟通的影响力

一、演讲能力决定沟通影响力

英国首相丘吉尔曾说："一个人可以面对多少人，就代表这个人的人生成就有多大。"古今中外99%深具影响力的人士都是善于演说表达的大师！您能感觉到：公众沟通能力影响到一个人生涯发展的成败！一个缺乏胆识、没有语言技巧、没有公众魅力的人，要想成功是很困难的一件事！

有趣的统计是——缺乏"公众演说"能力的朋友们都会一致地说："奇怪，平常私下讲话时，我都很流利，不知道为什么一上台就会走了样？"如何培养自己成为公众表达、演说沟通的高手，首先必须建立高层次的观念与认知。"脱口秀"是什么？您必须先认知到它的重要性才是改变的开始！

二、演讲能力可以被训练出来

一个人的成功85%取决于他的说话和沟通协调能力，15%取决于他的专业知识，从这个角度上说，锻炼自己的说话能力是我们工作的一部分，而出色的说话和沟通能力是需要经过专业训练的。

一份调查结果显示，缺乏语言训练与受过良好语言训练，具有天壤之别的关系。面对同一件事，没受过语言训练者的表述，有可能是语无伦次的、杂乱无章的，即使说上一大堆话，也只会是废话一堆，若是受过良好语言训练的人，他可能只需很少的语句，就会十分简练、完整且合乎逻辑地抓住主要情节和情节之间的关系，将事件表述出来。两者之间，差别之大，不由得引起我们对口才训练的重视。

三、自测一下沟通演讲能力

在着手训练自己的讲话能力之前，不妨自己对自己先做个摸底测试：

1. 是不是见了别人，觉得无话可说？或只对熟悉的人才有话说？

2. 是不是很难找到一个使双方或大家都很有兴趣的话题？

3. 能否将自己所谈的意思，用各种不同的方式去表达，以满足不同场合、不同对象的需要？在遇到别人的反驳时，是否一再重复说过的老话？

4. 能否调动别人与你谈话或听你演讲的兴趣？

5. 能否使谈话顺利而不致中断？改变话题是否自然、巧妙？

6. 是否上台演讲能够落落大方、从从容容，达到成功的效果？

7. 讲话的口齿是否清晰、声音是否悦耳？是否有恰当的手势动作？

根据上述要求来检审、诊断一下我们自己，看看你具备些什么，又缺乏些什么？缺乏的主要原因是什么？找出真正的原因，才能对症下药。其实，好的口才并不只是一种天赋的才能，靠刻苦训练也可以达到相当的水准。古今中外历史上一切口若悬河、能言善辩的演讲家、雄辩家，他们无一不是靠刻苦训练而获得成功的。

四、演讲家的三大法宝

著名的演讲家有没有一些成功演讲的秘籍和诀窍？有。我们总结了全世界演讲家能够成功演讲的三大法宝：一是多讲故事和案例，少讲理论和概念；二是运用影像化表达，不用描述性表达；三是运用体态和语气，不呆板和沉闷。简洁的说法就是：讲故事、影像化、多体态。

第二节　讲台压力和演讲恐惧症

一、讲台上的演讲恐惧症

很多人站上讲台时，常常会有演讲恐惧症，讲台的压力莫名来袭，而演讲恐惧症主要表现在生理和心理两方面：在生理表现上，演讲恐惧症患者表现为面部肌肉僵直、不自然，身体的某些部位不由自主地发抖、心跳加快、手心冒汗等症状；在心理表现上，演讲恐惧症患者主观上感到所有人都在盯着自己，看到了自己的紧张表现，甚至别人还在心里嘲笑自己。于是就会产生一种逃避心理，在公共场合和开会时，尽量逃到不会被人注意到的角落，尽量不发言，用躲避策略来减轻自己的紧张状况。

演讲恐惧症的症状会使人失去往日自信，因为害怕演讲出错，所以心情越来越紧张，结果越紧张出错越多，久而久之最终形成了恶性循环，只要是在公开场合面对多人讲话就会患上演讲恐惧症。演讲恐惧症不仅存在于社会新鲜人中，许多精英人士也有演讲恐惧的困扰，这些原本信心满满的成功人士因为“演讲恐惧症”而变得自卑、胆小，给事业造成了很大影响。

二、控制演讲恐惧症的方法

控制演讲恐惧的方法，以下是一些方法，它们可以帮助你克服自己对演讲的恐惧，推动事业的发展。虽然大家可能会认为其中一些建议是常识，不过只要执行才会成功，希望大家能够采纳自己觉得可供参考的建议。

1. 对着镜子练习演讲

对着镜子练习演讲是非常有用，也很重要的。你应该知道，在做演讲时，自己的一举一动都会影响观众的注意力。通过对着镜子练习，你会注意到自己是否在不断地前后摇摆，是否做一些不易察觉的但是无用的细微动作。观察，并且改正，因为往往是这些让人分心的小动作使得有水平的演说变成了糟糕的演说。

2. 对着墙壁练习演讲

对着墙壁练习演讲，这与对着镜子演讲相比，是完全相反的方案。对着墙壁演讲可以使你将注意力都集中在演说的内容上。刚开始你可能会觉得傻（大家刚开始都这么觉得），但是对着墙壁演讲有助于弄清那些内容不妥的部分——那些没有说服力的或是难以得体的内容。通过这样的练习，反复推敲的用词和表达语气，获益匪浅。

3. 对着朋友练习

对着朋友发表演讲，你会感到轻松。而且朋友可以给你提出问题，并且提供诚实坦白的回馈。如果一个朋友不足以提供这个服务，那么就找其他能够做到的人。发表完演讲后，问下你朋友，找出你的演讲中哪部分是最容易懂的，哪部分是最难懂的。

三、造成演讲怯场心理的原因

造成怯场心理的原因多种多样，往往也因人而异。但下面几点原因却带有极大的普遍性：

1. 评价忧虑。这是造成怯场心理的最主要的因素。现代心理学认为，在任何存在评价的场合，人们一般很难发挥自己原有的水平。大多数人对自己在初次约会中的表现不十分满意。在演讲中，由于评价是单向的，也就是说听众在“裁判”演讲人，所以演讲者的忧虑更多，心理负担更重。

2. 听众的地位。如果我们面对的听众比我们的地位高，或者我们认为比我们重要，我们讲话时便感到特别紧张。求职者在评估小组面前的表现往往很不自然，这一方面是因为评价忧虑，另一方面也无疑是因为评估小组“大权在握”。

3. 听众人数。一般人都愿意在“小范围”内讲话。如果听众人数很多，演讲者便会倍加谨慎。因为他们觉得一旦出错或表现不佳，“那么多人”一下子都知道了。过分的小心谨慎加大了怯场的可能性和程度。

4. 对听众的熟悉程度。大多数人在“熟人”面前讲话比较自然。面对陌生的听众，我们之所以紧张是因为我们对他们几乎一无所知，而他们在几十分钟甚至十几分钟内便会对我们作出评价。

5. 听众的观点。如果你知道听众或大多数听众所持观点和你的观点一致，那你便会信心十足。反之，你便会有很多担心。

6. 准备是否充分。若演讲者自己心里觉得自己对演讲准备得不充分，觉得有“出丑”的可能，那他的自我保护意识很可能出卖他。

四、应对演讲怯场心理的处方

针对造成演讲怯场心理的主要原因，下面是几种有效的“处方”。

1. 充分准备。

对付怯场心理最有力的武器是诚心实意地告诉自己你对本次演讲准备得十分充分：你的选题不仅对自己而且对听众很有吸引力；你对该题目已深思熟虑，而且收集到了所有所需数据；你的演讲稿紧扣主题，安排有序；经过反复演练，你已能恰到好处地把握演讲时间；你对自己的仪表和临场表现有充分信心；你有能力很好地对付讲演过程中出现的各种意外情况。

2. 适应变化。

如果你原计划给二三十人做演讲，到场后发现听众有二三百人，你会怎么办？你准备了一份非常正式的演讲稿，走上演讲台你却发现大家都穿着牛仔服和T恤衫之类的衣服，你将如何想？你准备了长达两个小时的内容，可上场前主持人告诉你，你只有十五分钟的演讲时间，你又该怎么办？诸如此类的情况在演讲中绝非偶然事情。

所以，如果你被邀去演讲，不要忘了事先收集如下信息：（1）有无固定论题？论题范围？（2）听众背景资料（包括人数、年龄、性别、受教育程度、宗教信仰、工作性质以及参加演讲的原因等）；（3）演讲地点和场地设施（包括其地理位置、场地大小、有无话筒等内部设施），如果有可能，最好亲自去演讲地点看一看，做到心中有数；（4）演讲时间和时长；（5）有无听众提问环节。

3. 练习放松。

演讲前，如果你仍感到紧张，下面几种方法有助于你放松：

第一，深呼吸。做深呼吸的目的是供给你充分的氧气，帮助你在演讲中更好地控制自己的声音。这里所讲的“呼吸”当然指的是腹呼吸而不是肺呼吸。歌唱家和演员们都知道腹呼吸在控制声音方面的重要性。

第二，肌力均衡运动。肌力均衡运动是指有意识地让身体某一部分肌肉有规律地紧张和放松。比如你可以先握紧拳头，然后松开；你也可以固定脚掌，做压腿，然后放松。做肌力均衡运动的目的在于让你某部分肌肉紧张一段时间，然后你便不仅能更好地放松那部分肌肉，而且能更好地放松整个身心。

第三，转移注意力。演讲前要积极听取主办人和听众意见，这样你便可以暂时转移注意力，更好地放松身体和思想。

第四，增加幽默感。幽默是演讲中的食盐。优秀的演讲人和有吸引力的演讲内容只有加上恰到好处的幽默才能创造出成功的演讲。所以当你遇到怯场心理的袭击时，不妨将之“幽默”而去，在听众轻松的笑声中解脱自己。

语言是思维最直接的反应，不流利的表达在职场上可能会让你感到自卑，因为这似乎代表自己不够聪明，本来在工作环境中，女性声音就没有男性的那么强有力，再表达不清楚，那几乎就让你丧失了被人认可的机会。是否你在私下并没有任何的语言障碍，但是一遇到正式场合大脑就一片空白，不是语无伦次就是哑口无言，好像患上了一种讲台恐惧症呢？

演讲者误以为自己是因为演讲而紧张，结果越讲越糟。心理学研究发现，

70% 以上的职场人害怕在公众面前发言。而患有“演讲恐惧症”的人群并非都是初出茅庐的职场新人，不少还是在职场上历练多年的资深人士。

第三节　缓解讲台压力的自我管理法

缓解演讲者讲台压力和克服恐惧的有效方法就是进行讲台的自我管理，主要包括四个方面：1. 积极的自我暗示和充分准备。2. 建立开心金库。3. 进行心理预演。4. 突破外壳、重获新生。

一、什么是自我暗示

自我暗示是指透过五种感官元素（视觉、听觉、嗅觉、味觉、触觉）给予自己心理暗示或刺激，是人的心理活动中的意识思想的发生部分与潜意识的行动部分之间的沟通媒介。它是一种启示、提醒和指令，它会告诉你注意什么、追求什么、致力于什么和怎样行动，因而它能支配影响你的行为。这是每个人都拥有的一个看不见的法宝。

成功心理、积极心态的核心就是自信主动意识，或者称作积极的自我意识，而自信意识的来源和成果就是经常在心理上进行积极的自我暗示。反之也一样，消极心态、自卑意识，就是经常在心理上进行消极的自我暗示。就是说，不同的意识与心态会有不同的心理暗示，而心理暗示的不同也是形成不同的意识与心态的根源。所以说心态决定命运，正是以心理暗示决定行为这个事实为依据的。

二、积极与消极的自我暗示

自我暗示有消极的和积极的，不同的心理暗示必然会有不同的选择与行为，而不同的选择与行为必然会有不同的结果。

消极的自我暗示可误导个人的判断和自信，使人生活在幻觉当中不能自拔，并做出脱离实际的事情来。消极的自我暗示还可使人对外界事物的认知形成某种心理定式的作用，为人处事偏听误信，凭直觉办事。上讲台之前的消极自我暗示就是：我不擅长演讲，我上台一定会搞砸锅的。

积极的自我暗示又称自我肯定，是对某种事物的有力的、积极的叙述，这是一种我们正在想象的事物坚定和持久的表达方式。进行肯定的练习，能让我们开始用一些更积极的思想和概念来替代我们过去陈旧的，否定性的思维模式。这是一种强有力的技巧，一种能在短时间内改变我们对生活的态度和期望的技巧。

自我暗示可以默不作声地进行，也可以大声地说出来，还可以在纸上写下来，更可以歌唱或吟诵，每天只要十分钟有效的肯定练习，就能抵消我们许多年的思想习惯。在上讲台之前，持续不断地进行自我暗示：我是有演讲能力的，我这一次一定能够演讲成功！心理学的定律告诉我们，如果我们能够经常性地意识到我们正在告诉自己的一切，选择积极、扩张的语言和概念，我们就越能够容易地创造出一个积极的现实，就能够克服讲台恐惧，做一次成功精彩的演讲。

三、开心金库

在开始演讲之前先想一件最快乐的事，把自己最快乐的事情编辑成 10 秒的短视频，在自己的脑海里播放一下，让自己立即高兴起来，然后去感染每一个即将要面对的听众。只有你的感觉好，才能达到上场表现最佳。

什么是“开心金库”呢？人若能将一些愉快或兴奋的事情记下来，每当遭遇压力时，就拿出来调节心理状况，犹如开了银行账户将钱存起来，到有需要的时候再进行取用，这种技巧就叫开心金库。

你每准备见一个人或者每做一件事前，或者每天安排固定的时间来做这样一个练习。这样，你在生活中给人的感觉就永远是阳光灿烂的笑脸感觉了。现在，就让我们来建立自己的“开心金库”吧。可以是你平时生活中真实发生的，也可以是你听来的或者看到的。

四、心理预演

心理预演是指我们用想象力在脑海中按照自己的意图，事先勾勒出一幅某种目标进行中以及实现后的情景或画面。例如：

1. 想象自己喜欢的事物。置身于一个舒适的地方，躺着或坐着，使身体完全放松，放松身上每一个细胞。

2. 开始想象与自己愿望中一模一样的事物，如果是一辆小车，就想象自己在驾着车，看着它，享受它，并把它展示给朋友们看。如果是一个情景或事件，就想象自己身在其中，每一件事都像自己所希望的那样发生，还可以想象人们在说什么，或其他使这件事显得真实的细节。

3. 把以上形象或念头保持在自己头脑中，在内心对自己做一些十分积极的、肯定的陈述，如对自己说一段坚定的话：我的演讲效果一定会非常棒！

演讲者进行心理预演时的基本要点：

第一，要以积极的自我形象来改变你的外在行为。自我形象是你怎么看你自己以及你心中看自己待人处事的方式。正因为自我形象控制了我们在人们面前的表现水平。所以要先灌输自己正确的观念、积极的形象和更新的理念，从自我认知和内心来认为，我是能够演讲成功的，我是能够掌握好必要的演讲技巧的，关于这个演讲话题是我所熟悉的，我一定能够得到听众的欢迎。

第二，要以可视化的方法调整自己的心理架构，人的潜意识是影响心理状况最重要的部分。所以在每天晚上睡觉前轻松地将自己理想的形象，以可视化的方法灌入你的心中。这个形象包含每天各项活动中你的表现，身体的健康状况，心理的积极状态，你在讲台上受听众欢迎的情形等等。

可视化的力量——在脑海中想象你成功演讲的画面。可视化是运动员、音乐家、演员以及演讲者们都在使用的、在压力下提高表现水平的有效方法。可视化的关键是在脑海中创造一个自己成功演讲的生动形象。想象你站在礼堂里即将演讲，看到自己镇定、自信地站在讲台之后，注视着观众，用坚定、清晰的声音开始你的演讲。观众逐渐被你演讲的内容深深吸引，而你的自信也随之提升。

第三，要以心理预演来牵动自己的情绪，心理预演是在事情发生前要求自己把将要发生的事情预先在心里演练一遍，就像运动员在比赛前的热身运动。当你闭起眼睛，看自己表现巅峰的状态时，这些形象就会牵动你的情绪，使你感觉到自己成功时的满足感以及兴奋跟喜悦的心情。

第四，要以积极情绪反过来牵制你的行为模式。我们发现当你幻想自己是非常有自信心、积极、乐观、快乐的人的时候。这种经由想象出来积极、乐观、自信的情绪会迫使你在讲台演讲时表现出这种样子来，使听众受到你在情绪上的影响，而乐意接受你的观点和想法。

第五，以改变你的生理形象来建立充分的自信和讲台权威。生理形象是你的身体，即四肢和脸部表情所显示出来的样子。在讲台上要抬头挺胸、面带笑容、摆动脚趾，再做三个深呼吸，使你看起来是个坚强、有个性的成功者。传递一个信号：认真听你演讲，一定会有所收获。

我们建议，在上讲台之前，不但需要把演讲稿背得滚瓜烂熟，还需要在安静、放松的环境下，闭上眼睛，把演讲内容在脑海里过六遍，形成脑海的深刻记忆，形成条件反射。六遍的心理预演过程，一定能够让讲台的呈现如行云流水、精彩纷呈！

五、突破外壳

很多人上台演讲有演讲恐惧是比较普遍的现象。请思考：为什么上台会紧张？为什么情绪放不开？为什么表达不精彩？其实，有一个主要的原因就是，有一个坚硬的外壳包裹着我们，束缚和限制了我们的自如表现。怎么办？砸碎外壳、跳出来。即放开手脚，放下包袱，配合演讲内容挥动起双手，展露目光和面部表情，让声音抑扬顿挫、绘声绘色，这样才能有一个较好讲台呈现和演讲效果。

我们越舒展肢体，越能激发自我的潜能，也越能带动气氛，吸引听者，更具说服力，成为一个优秀的表演者。在人生的旅途中，我们将要扮演许多不同角色，演的好坏，就看我们对角色投入了多少。一旦我们能放开自己，做个有弹性的人，你会发现能得到更多的掌声。

讲台要自信，身段要柔软。其实，讲台就是舞台，演讲者就是半个演员，需要用到不少的表演技巧，把表演技巧融合到演讲之中，就能取得良好的演讲效果。毕竟，演讲二字，“演”字在前面呢。可见，演讲不同于普通讲话。

第四节　演讲的技巧和方法

一、编剧准备和素材

1. 主题：目标明确，中心突出，绝不能为了讲故事而讲故事。

2. 选材：案例准备充分，选材和要表达的观点和主题要很贴切，故事内容不应太长，一般的小故事就一分钟左右，最长也就三分钟左右。

3. 语言内容表达：通俗易懂、精练、没有冗余。

4. 故事叙述逻辑方法：故事情节要有张力和戏剧性，环环相扣、层层递进，可以运用顺叙、倒叙、插叙、对话等手法。

5. 善用各种修辞方法：

（1）排比：加深印象，气势如虹，实例请看后面的精彩故事解析。

（2）对比：通过强烈的反差让人印象深刻，使观点更鲜明。

（3）夸张：为了突出主题，讲故事时适当地夸大会让人觉得很精彩，让人印象深刻，而不会去考虑这背后的准确性，我们是在讲故事，而不是做学术报告。

（4）拟声词：拟声词非常生动和富有表现力，让人过耳不忘。我们可以模拟风声、雨声、汽车声和子弹声呼啸声等，要自然准确，少而精。

二、精彩简练的开场

用最精练的语言告诉大家你要讲一个什么样的故事，根据故事内容可以相应地设包袱，目的是激发兴趣。

三、声情并茂与绘声绘色

1. 善用辅助语言（副语言）：包括音调、音色、音量、语速和节奏。

如果讲话时音调、音色、音量、语速和节奏一成不变，犹如声讯服务台的人员总是以不变应万变，就很难引起别人的兴趣。

（1）节奏感：贴合故事情节，配合故事的发展而张弛，比如讲鬼故事的时候，前面描述宁静恐惧的氛围时节奏缓慢，做足渲染气氛的功夫，后面说到门莫名响动时突然加快，并模仿门开的声音，这样讲故事节奏感就很明显。另外，还要善用停顿，适当的停顿可以更有效地吸引注意力，也可以营造张力。

（2）音调高低：通常强调、情感强烈时音调较高，而表达沮丧、恨铁不成钢、无奈等负面情绪时，往往要放低音调。

2. 表情和肢体语言。

（1）表情自然生动：故事要能感染别人，首先要能感动自己，演讲者自己必须投入感情，演绎时不需要过多和观众交流，自己入戏、身在其中才最重要，做到这一点，表情就能自然。

（2）手势：自然，不刻意但放得开，大气，可以略显夸张。

（3）善用动作模拟：有的事情，说要好几句话，演就一两个动作，也可以边说边演。

3. 适时的互动：常用的方法有疑问、反问、自问自答等。

四、结尾须提炼、引发思考

提炼精华，前面讲得精彩只是为了后面的提炼做铺垫，提炼得好不但能加深印象，还能传达力量，会触动人心，让人回味和思考。

演讲者讲完故事后的提炼，才是真正的精华，能真正能体现演讲者的内在魅力，做不到这一点，就算前面的故事讲得再精彩，也只能是说书、讲段子了。

第四章　员工激励的体系

第一节　管理的不同对象

一、对人员的管理

领导者面对的对象有自我的管理、工作的管理和人员的管理等三大对象。自我的管理是针对自己，要修身，是自身的影响力。工作的管理是针对工作任务，要严格，是工作的执行力。人员的管理是针对下属、人员，要关怀、要怀柔、要关爱，是人员的领导力。

当我们达成了工作的目标，完成了团队绩效之后，关于我们的下属员工和人员方面应该如何进行管理呢？

大家知道，领导者针对事物（工作任务）是要求严格的，因为要达成绩效目标，所以我们要求必须精细化、标准化、细节化、严谨化。当领导者针对人员和下属，和针对机器、设备、技术、资金等等，其管理策略显然是不一样的，甚至是相反的。我们对事物要严格，对人可不能是严格的管控！人不是拿来给你管理和控制的，是用来给你关爱和培养的。所以，我们对待人员、对待员工，应该是关爱他、尊重他、关怀他、体贴他、教育他、训练他、激励他，调动他的积极性，发挥员工的个人价值，能够使员工的个人价值和企业价值同步发展，这才是我们进行人员管理的真正目的。

二、管理与领导的区别

人们常说的“管理”和“领导”这两个概念有什么不同吗？管理是要针对物的，领导是针对人的。我们对人的管理，通常不太用管理、计划、组织、协调、控制这些词，我们需要换成另外一个词，叫领导。人是拿来给你领导的，是拿来给你关爱的，所以按照中国传统文化和哲学，我们的管理工作应该是刚柔并济。

曾经有一个学员提过这样的一个问题：老师我听你们的课程，原来我不听课我还知道应该怎么管，我听了你们的课以后，不同的教授、不同的老师有不同的说法，我怎么越听越糊涂呢？有的老师说员工要关爱、要以人为本、要“乡村俱乐部”，要成立关爱小组、要相亲相爱。可是换了另外一些老师却说，细节决定成败，要标准化、精细化、制度化、规范化，管理一定要严格。我怎么越听越糊涂，你们管理学的老师是不是分两派，一派是要严格要求，一派是要以人为本。我到底该怎么做管理工作？

我就给他解释，其实我们的管理本来是一件事，为了学校教学和研究的方便，就把它分了很多的条块和模块，例如面对资金、金钱方面的叫财务的管理，面对人员的叫人员的管理，面对生产的叫生产管理、品质管理，关于设备维修的是保全管理。其实我们是在说同一件事情，不是在说其他的不同事情，只是把同一个大的事情做一些分类。换句话说，当我们面对机器、设备的时候，我们应该去严格管控，要达成目标、完成绩效，这是要严格的、严谨的，是不可以商量的，必须不折不扣。可是当我们面对人员的时候，就不可以用对待机器、设备、技术、品质、资金、财务这些管理的方法来对待人。

所以，对人员是要怀柔，对事物是要严格，这就是中国人所说的刚柔并济。

三、机器好修 人却难管

在领导力里面有一个非常重要的环节，就是员工的激励技巧。人们常常会把人看成了经济动物。我们的研究发现，人员的管理方式跟机器设备的管理不太一样。

曾经有一个车间主任（车间管理人员）说：“我宁可管一百台机器，也不愿意管十个工人。十个工人的复杂性程度远远超过了一百台机器。”没错，机器设备只要一通电，它就能转五千转，确定就是转五千转。如果有两台发生了异常，那我们可以来检查一下，也比较容易地发现故障和问题，比较容易做修复。所以一百台机器可以整齐划一，可是我们的下属十个人会怎么样？他会很容易发现异常的原因吗？张三员工与李四员工的异常原因是一样的吗？人员可以像机器设备一样很容易拆得开吗？很容易检查他们的内在原因吗？很容易去修复他，恢复到原来的正常工作状态吗？可见，人员的管理的确是要远远地大于机器和设备的管理。

请思考一下人的工作动机：人到底是为什么而工作的呢？为什么他掌握了熟练的技能却不好好干呢？已经有三年、五年经验的老员工为什么工作积极性不高？或者工作效率比较低呢？这就涉及员工激励的一系列问题。

第二节　罗森塔期望定律

在管理理论界，有不少激励的基本原理和理论。最经典的理论就是罗森塔期望定律。罗森塔是美国著名的心理学家，他曾经针对学校教育做过一些心理学的试验，轰动了美国的教育界，继而影响了美国和全球的管理界。

一、罗森塔心理实验

罗森塔进行的第一类实验，是关于学生集体的自我暗示型激励。他的团队到美国的一些中学去，挑选了五位年级里面都是优秀的青年教师和班主任，然后校长和教导主任告诉他们，你们是全校抽选出来最优秀的青年教师，将来最有发展前途，你们的责任心非常棒，教学质量也非常的棒，所以学校配备给你们各个年级的优秀班级，也就是优秀老师带优秀的尖子班，希望你们好好努力，不要辜负我们校方对你们的殷切期望。这些班主任回到班级里面，给同学们开会做动员："同学们，我是优秀的老师，各位是优秀的学生，我们班是年级的尖子班，所以我们的学习得要加倍努力，咱们的考试成绩必须要在年级里面名列前茅，不能掉队，对得起尖子班的称号。"一年之后，经过大家的共同努力，这五个班级的综合考试成绩进步飞快，在各个年级都是数一数二的。一年之后，罗森塔先生来到学校，跟校长一起来验证这样的神奇结果。其实，这五个老师是随机抽样出来的，这五个班级也是随机抽样出来的。那为什么经过一两年以后，这些班级就成了所谓的真正的尖子班了呢？因为他们的心理在不断地被暗示和自我暗示。当老师和同学都相信他们是尖子班，他们的学习成绩就应该表现得很杰出的时候，奇迹随后就会发生。

罗森塔先生还做过第二类心理试验，是关于学生个体的自我暗示型激励。他们到一个小学的班级里面去调查研究，测试小学生的智商。测试结果发现，这个班级里面有五名同学是小天才。于是班主任老师把这个惊人的消息告诉了所有的家长、所有的老师和所有的同学。班会之后，班主任老师特意召开了小天才班会。班主任就问那个小约翰："约翰，起立！你被心理学家测试是智商超群的小天才，为什么你的成绩却是班级的倒数第一呢？说，怎么回事？"约翰站了起来说："啊！我是小天才啊，我还不知道呢，爸爸妈妈都骂我是笨蛋，同学们都笑我说是蠢猪。哈哈哈，原来是他们搞错了，太棒了！"老师说："别光顾着笑，说怎么回事？为什么会这样？""怎么回事？太简单了，上课不认真听讲，下课没有好好地完成作业，所以成绩就这样了。""那你以后准备要怎么办？""老师，你就等着瞧吧！"下个星期来，上课那五个小天才的孩子走路的样子都是趾高气扬，特别的精神，其他的小朋友看了好生羡慕："你看看人家小天才，就是不一样，走路的样子都比人家神气，我们就不行了。"小天才们上课的时候认真听讲，积极回答问题，回答正确被老师立即予以表扬。下了课之后，小天才们要认真地优先完成作业，先做好作业再给其他的小朋友抄，回家以后少看电视、少上网、少打游戏，认真复习好功课以后才会做这些事。感觉到成绩有进步了，父母也不断地表扬，老师也不断地肯定，同学们也很羡慕。一年以后，罗森塔团队来到了学校，询问这些孩子们的学习成绩怎么样了。班主任老师说："哇！都是小天才呀！他们的成绩都排在了班级的前五名。"罗森塔说："什么小天才呀，其实我们都是随便勾勾（随机抽样）的。"班主任老师说："不可能，你看他们的成绩，他们的表现分明是小天才的表现呐！"罗森塔说："是啊！只要我们认定他是天才，他也相信他是小天才，那他就一定会有小天才的表现。"罗森塔先生的研究结果轰动了美国的教育界，也影响了工商管理界，后来，这个心理学的原理也逐渐传入了中国，被国人所认知。

二、罗森塔定律的广泛应用

在今天中国的教育界，常常称它叫赏识教育。有不少家长参加过学校召开的家长会，校长们和班主任都会谈到赏识教育，用一句话、一个口号来说明一下什么是赏识教育？赏识教育就是好孩子、天才儿童、好学生，是怎么出来的？夸奖夸出来的。不断地夸奖孩子、夸奖学生，真的可以让他们的成绩进步吗？好多家长表示迟疑，不太相信。那么，您相信这是真的吗？

心理学的罗森塔定律已经研究几十年左右了，它是一个心理学定律。所以，请你不用怀疑“定律”，因为科学定律是经过反复验证的。罗森塔期望定律不断地被运用到美国的成功学、富豪心理学，也被不少心灵鸡汤引用。大家研究发现，大多数富豪在年轻的时候，就不断地给自己成功的影响和心理暗示：我未来是一个成功人士，我未来将成为富豪。每天不断地暗示自己、暗示自己、暗示自己，经过不断的努力付出，绝不放弃、克服困难，最后就慢慢地达成了他的人生理想和人生的目标，这就是成功学最基本的原理，就是基于罗森塔的期望定律。

在实际工作中罗森塔定律是否会有明显效果的关键，是对方是否相信你的期望和暗示是真的。对于小孩子，当我们不断地去暗示他，他也相信这是真的，就很有可能会成为我们多期望的那个样子。可是对于我们的成年人呢？他会相信我们上级对他暗示的“善意谎言”吗？当我们对一个下属员工张三说：“小张，你是个天才、非常能干，你要好好努力。”张三员工根本不相信他是个天才，也不相信他很能干。他的心里可能在说：“领导少来忽悠我，我是个什么玩意儿，我很清楚。”常常有人说：我从小就不聪明，我的记忆力不好，我的口齿不清，我不能上台讲话，我讲不了英文……很多人不断地给自己贴负面标签，给自己进行负面的心理暗示，最后的结果也证明他们的期望是正确的。

根据心理学的研究结果，你不管给自己是正面还是负面的暗示，恭喜你！你都是正确的。因为人类社会有一种心理现象叫反验证。就好像买卖股票一样，如果大家都期望它涨，所有的人都认为股票会涨（或者房价会涨），结果就会涨。因为大家内心有这一种期望，那会不会去买？如果大家都去买股票（某几支），请问那几支股票会不会涨？股票很有可能就会涨。股票涨了以后又反过来来验证，你看我们原来认为股票会涨的想法是对的吧。

同样的道理，房价为什么会持续不断地上涨？因为中国很多的老百姓、投资商、政府、绝大部分的各界人士都认为房价会涨，因为大家都预测房价会涨，于是就都蜂拥而至地去买，买了做投资，等着涨价。大家都去抢购，就会供不应求，房价就要继续涨。其实，罗森塔期望定律也是这样，你不断地自我暗示自己，未来是成功人士，能够成就大事业，你是对的。或者做负面的自我暗示：我是个笨蛋、是个倒霉蛋，一辈子一定会贫困破落，恭喜你，你也是对的，结果就是你所自我暗示的那样。你的这种正面或负面的自我暗示，一定会慢慢变成现实的，这种现象很可怕，也令人觉得匪夷所思。

罗森塔定律在小孩子的试验里面大多数都能够取得成功，而成年人却比较难，这是为什么？是因为小孩子天真可爱、头脑简单，比较容易被大人暗示，而且他们也会信以为真。罗森塔团队就研究员工的工作表现，影响他表现的关键因素是什么？其中有一个重要的影响因素，有一个变量的函数，那就是跟领导者的期待有正向关系，成正比。我们领导者对下属有较高的期待，不断地暗示他，然后他经过努力达成一个个小目标，我们再反复地进行肯定和暗示，他就会慢慢地达到我们所期待的那个要求，取得相应的成绩。

三、管理的关键是什么?

领导者需要思考：管理的关键是什么？为什么员工会采取这样和那样的行为？为什么员工会采取我们所希望得到的行为或者采取了相反的行为？每一个员工行为的背后都是有心理动机的。管理的关键在于：明确的要求加奖罚机制。

管理的最大关键首先在于明确的要求。书面化的明确要求就是工作分析和岗位职责。按照每个岗位的核心职责，设立相应的岗位目标（绩效目标），再按照该目标绩效要求作为考评指标对他来做阶段性考核，最后根据考评的结果做奖罚兑现。这样把岗位职责、岗位目标和绩效指标融合成三位一体，才可以把下属员工的行为浓缩、固定在一个模具里面，才有可能会得到我们所期望发生的员工行为和表现。如果下属员工的能力很强、技能很好，他是不是就一定会有一个很好的工作表现呢？不一定。虽然他会做，但他愿不愿意做？就好像战士上战场，他会打仗、能打仗、善于打仗，可是他肯不肯、是否愿意在战场上冲锋陷阵呢？他愿意去打仗、去冲锋、去献身、去牺牲，这是他的个人意愿问题，而不是能力问题。领导者需要解决下属的意愿问题，这个比提高下属的能力更难。

四、影响员工工作表现的影响因素

影响下属员工的工作表现有哪些因素？第一是社会影响，即别人怎么看我。第二是心理定式，我自己怎么看我自己。第三是他的性格、个性。第四是他的个人需求或者利益。第五是他的心理、情绪和态度。所以一个员工能力强，但他不一定工作表现就肯定会很好，因为他个人的意愿不确定。

如果领导者不断地给他提高期望值，他的表现会越来越好吗？在动物界里面的驯兽师，可以为我们揭开这样的秘密。驯兽师训练海豚的过程就很神奇，海豚表演时会跳出水面，而且越跳越高，海豚最高可以跳到三米甚至是五六米的高度。

为什么海豚能够越跳越高呢？驯兽师在训练海豚的早期，在水里面拉一根绳子，海豚从绳子上面游过就给鱼吃，从下面游过就不给鱼吃。然后把绳子提高一点高度，当绳子在水面上的时候，海豚必须要跳出水面才给鱼吃。不断地提高绳子高度，海豚的跳跃高度就会越来越高、越来越高。因为长期的刺激给海豚形成了条件反射，不断地跳出水面，只要在这个高度上跳过就会有奖励，就会有鱼吃。当绳子越来越高的时候，它一次次跳跃的高度也越来越高。那海豚在练习的过程中，是跳过的次数多，还是跳不过的次数更多呢？当然，跳不过的次数肯定要比跳过去的次数多一些，但跳过了就会有奖励。

不断地给下属员工提要求，提清晰、明确、书面化的要求，并配上相应的奖罚措施。适量地逐步地提高对他的要求，他的工作表现可能就会越来越好。请思考：假如我们规定，海豚从绳子上面跳过去就给鱼吃（奖励），从绳子下面过去即没有跳过绳子就要用棍子来打它（惩罚），请问海豚跳水的高度还会这样越来越高吗？为什么？

第三节　弗洛姆激励期望理论

一、激励力量公式

员工激励的第二个期望理论叫弗洛姆激励期望理论。弗洛姆激励期望理论认为激励的力量来自哪里？来自个人期望的力量，个人的期望可以激发本人向上的、不断改善的行为，这种期望的激励力量，甚至可以激发个人的巨大潜能。

弗洛姆激励力量公式：激励力量 = 效价 × 期望值

什么叫效价？就是价值判断和激励的刺激度。什么叫期望值？期望值就是实现的可能性，有多大可能？简而言之就是，激励力量等于刺激程度乘以可能性。举例说明，人们买体育彩票或六合彩，体育彩票（六合彩）的特大奖可能会有一千万。一千万的大奖刺激够大、够厉害，可见一千万的效价很高。可是你买的体育彩票（六合彩）获奖的可能性是多少？可能性很小，千万分之一，几乎约等于零。该方案的激励力量为：1000 万 ×0=0，一千万乘以零等于零。所以，尽管六合彩、体育彩票有一千万的大奖在那里等着你，可是你知道获奖的可能性非常非常小，即期望值很小，从理性角度分析，你专注于依靠买彩票发家致富的路径可能就行不通，也不一定会发生天天买彩票这样的投机行为。

二、最佳的期望力量

最佳的期望激励力量是如何的？就是效价、刺激度比较高，期望值、可能性也比较高。刺激度比较大，可能性也比较大，这样二者一乘，其激励力量就厉害了。假如有人告诉我，抽奖我有20%的概率可以拿到二等奖，二等奖没有一千万大奖那么多，但是也有50万左右，那50万乘以20%（0.2）等于10万，这个数字还蛮大的，大家可能都愿意去做尝试一下。类似于10万的奖项你肯定会中。

所以领导者在激励员工、调动员工积极性的时候，尤其是在设计激励方案的时候，必须要记得两方面的平衡。第一是对员工的刺激度，让他有一定的兴趣。第二是中奖面的比例要比较大，要保持在30% ~ 70%左右，比例太低了只奖励少部分人，比例太高了又成了大锅饭，还需要适当拉开奖励的差距。有一些激励方案、业务竞赛方案就只重奖那个第一名，比如说第一名到欧洲十国游，玩十天或者一个月，但只有一个名额。假如我们有一万名员工，只有一个人可以获奖到欧洲去玩十天，你觉得这样可以调动其他九千九百九十九个人的工作积极性吗？恐怕未必，因为中奖面太低，万分之一。假如你告诉他，我们有两千人可以到夏威夷去玩两天，一共有两千个名额哦！那就是百分之二十的中奖率。可是夏威夷可能就只玩两天，玩两天当然不如玩十天刺激，但是中奖面大，百分之二十的概率，我经过努力完全有可能实现。那个万分之一的概率，还是算了吧，我还没有那么优秀，顶尖到万分之一的第一名，这个大奖可能跟我没有关系。

所以，效价乘以期望值，就能够得出激励的力量。如果我们的效价、刺激度够高，实现的可能性、期望值也够高，就有可能会激发出20% ~ 30%骨干人才的潜能。

三、激发潜能和积极性

请各位思考：我们平时工作的时候有没有用到潜能？举一个最简单的例子，你认为十秒钟的时间可以鼓掌多少次？大部分的人认为是二三十次左右吧。实验证明，十秒钟的时间最普通的人一般情况下可以鼓掌六十次，那你没有在试验之前为什么会认为是二三十次呢？其实，人们对于很多的工作、对未来的期望是相对保守估计的。人们并不了解自己未来可能会有多大的潜能，实际上十秒钟鼓掌六十次就达到潜能了吗？不是，还差得很远，六十次只是最普通、正常的成绩水平。国际上测试吉尼斯世界纪录，十秒钟鼓掌次数的最高纪录是115次。所以，当你十秒钟鼓掌八十次以上才有可能进入潜能的初级状态，此时，你的注意力比较集中，已经达到全神贯注的状态。如果你十秒钟鼓掌五十次以下，说明你的注意力还不够集中，还要加强聚焦的修炼。

什么是真正的激励力量？如何才能激发员工的潜能？春秋战国时期，秦国推行商鞅变法的成功，其中重要的一点就是通过取信于民的承诺，激发了秦国老百姓的潜能。当时的商鞅推行制度变革和变法，调整了一些国家的政策，包括爵位晋升、税收等等方面的制度改革，可是秦国的老百姓不相信，老百姓对国家政府的政策不相信、不信任，该怎么办？

于是，商鞅在城南门就立了一个木头，边上贴了一个告示，谁把这个木头从南城门扛到北城门，大概也就是五里路，就可以赏五两黄金。全城的老百姓议论纷纷，这一根不太重的木头从南城门扛到北城门，不需要一个时辰，就被赏五两黄金，天底下有这么容易拿到钱的吗？大家议论纷纷，没有人敢动那个木头。下午商鞅把赏金加到了 50 两，第二天加到了 100 两，第三天加到了 500 两。扛这根木头，一般的青壮年男子都能扛得动，都可以完成这个任务，完成的期望值、可能性是比较大的，这并不是一件很繁重的工作任务，却能得到 500 两黄金。重赏之下必有勇夫，终于有一位勇士跳出来，他说："我来试一试，为了 500 两黄金，我死而无憾。"所有秦国的老百姓都在嘲笑他："这个家伙为了要得到 500 两黄金，居然敢以身试法，还不知道他会怎么死呢！500 两黄金有那么好拿的吗？"在众目睽睽之下，这位壮汉扛了这根木头，从城南门走到了北门，大家拭目以待，等着看笑话：看看商鞅会怎么杀他的头，秦王怎么灭了他的全家。令人没有想到的事情发生了，商鞅居然筑高台，当着全体老百姓的面把 500 两黄金赠给他，并在卫队的护送之下把这个壮汉送回了家。秦国的人民沸腾了，到处奔走相告，商鞅变法的所有的规定是真的，不是假的。

所以，商鞅通过这样一次小小的奖励活动，激发了秦国老百姓的热情，取得了老百姓的信任，那就是：只要朝廷定下来的事情就一定会兑现的，因为他 500 两黄金真的拿到手了。这个案例中，激励力量的效价高不高？500 两黄金当然高，刺激度够高，可是完成的可能性（期望值）大不大？也很大，它不是一件很累的事情，经过努力可以完成。商鞅通过这件事取得了老百姓对改革的信任和支持，取信于民，调动了大家的积极性，激发了大家的潜能。

四、激励方案的奖励面

领导者在设计业务竞赛方案、奖励方案的时候，需要照顾到适当的获奖面，至少有 20% ~ 30% 以上的获奖面，50% ~ 60% 左右为佳，但也不能超过 80%，否则就变成了平均主义大锅饭。同时它的效价、激励性和价值，也是比较高的，这样的激励方案就比较富有激励效果。

所以，员工激励不要走两个极端。一个极端是，永远只奖励那一个尖子骨干——业务的第一名，或者比较少数优秀的前几名。大家有没有发现，每年业务的第一名永远是第一名，可能去年他是第一，今年他还是第一，明年也有可能还是第一名。奖励一两个人或少数人无法调动整体团队的业绩和激励士气，反而这些优秀分子可能还会被大多数普通群众孤立，变得无法融入团队，被大家所排斥。

另一个极端就是，每个人都有平均奖，全部都是鼓励奖，类似于人人都有一袋肥皂粉，你说这样行不行？这样的平均奖励，恐怕激励效果很苍白，基本无效。每人都有一袋肥皂粉，这个不是奖励，而是变成发福利了。就好像公司年底发年货一样，人人都有份，个个都一样，这也失去了原本激励的意义。

这就是激励理论的两个期望定律——罗森塔期望定律和弗洛姆期望理论。

第四节　激励理论与原理

一、人性假设理论

激励理论的第三个定律是人性假设理论，即 XY 理论。人性假设理论是关于人性假设是善还是恶的研究，即人之初性本善，还是性本恶？ Y 理论认为：人之初性本善，人人都是“君子”，可以自觉地完成工作任务，积极向上、自动自发。X 理论认为：人之初性本恶，人性都是懒惰、消极、撒谎的，希望少干活、多拿钱的，这帮家伙必须要严加管教，要用刺刀、抽鞭子，只有强迫他们，他们才会好好干活。那人性的假设理论到底是 X 理论呢还是 Y 理论呢？现代管理理论认为是 Z 理论，就是 X 加 Y，即人性的双重性理论。人性不是简单的天使，也不是罪恶的魔鬼，而是天使和魔鬼的混合体，人一半像天使、一半像魔鬼。

二、马斯洛需求层次理论

在中国比较知名的激励理论是马斯洛需求层次理论。马斯洛认为人的需求是分层次的，它分为五个层次，由低向高逐级发展，最低的是生理需求，然后是安全需求，第三是社交需求，第四是自尊、尊重和爱的需求，最高的第五个需求是自我价值实现，即成为自己所希望达成的那个人。

有人曾经研究过，打麻将能够流传一千多年不消失，是因为它同时满足了人的五个需求。假如今天打麻将，赚了三十块钱可以回家买个小菜，这叫生理的需求；今天打麻将先输掉五百块后来又把它赢回来了，没有输掉，这叫安全的需求；打麻将是假的，其实是好朋友坐在一起聊聊天，是一种社会交际活动，这叫社交的需求；今天打麻将结果赚了两千块，这叫自尊、尊重与爱的需求；打麻将我出老千了，他们竟然都没有发现，赚了他们两万块，这叫自我价值实现的需求。

马斯洛认为，人的需求从低级到高级需求的满足是逐级发展的。古人云，“仓廪实而知礼节”，就是一个人吃饱了、穿暖了、有地方住了，他要开始追求精神和文化方面的需求了。俗话说，温饱思淫欲。最基本的物质生活满足了，人就开始要更多的追求精神、文化、荣誉方面的需求。就好像富人、土豪们，他们的基本物质生活满足了以后，开始要追求名牌、追求奢侈品，所以什么东西贵，他们就买什么，用来装点门面。

对普通的老百姓而言，可能首先需要满足的还是第一层级的需求，比如说大米、鸡蛋、猪肉等等，汽油不要太贵，贵了我们就要发牢骚。老百姓就没有办法理解，怎么会发生奢侈品价格越贵却卖得越好的现象，无论国际上多么昂贵的奢侈品，在中国都会卖得非常好。因为富人和普通老百姓的消费的心理不一样。他们内在的需求不在一个层次上。

马斯洛的需求层次理论还认为，人会采取什么样的行为是因为他有需求和心理动机。行为的心理动机从哪里来？是受到刺激的原因，人的内在欲望受到外界的刺激，就会产生购买需求。人有了购买需求之后，就会采取一定的行动，最后来让这种需求得到满足、达到平衡。当然这种需求也不一定是购买的需求，如果产生了某一种欲望或者冲动的需求，也希望能够尽量满足。比如说，男大当婚女大当嫁，男女青年年纪大了之后要交男女朋友。一方面是因为有这个内在欲望，进入青春期以后荷尔蒙的作用，开始产生这种欲望，你发现周边的人都有男朋友、女朋友了，跟我一样年龄的人都成了家了、带着娃了，有的娃都能打酱油，可是我还孤身一人，你说我是不是会很紧张。所以大龄青年、剩男剩女们，就会有一些思想压力，这个是我们能够理解的，这也是一种需求。

三、反对马斯洛理论的另一种声音

中国大多比较接受马斯洛需求层次理论，但是在美国，却有一些心理学家反对马斯洛需求层次理论。他们认为：第一，人的需求是有层次的，但未必像马斯洛先生所说的那样非常严格地分为这五个层次。第二，人的需求是由低级向高级逐级发展，必须按照五个阶梯一步一步向上爬，一定是满足了基本安全需求以后，再来满足人的精神文化的需求，未必全部是这样。美国心理学家有相关的研究结果，他们验证发现，贫困的人们也可以产生艺术和音乐，例如 Rap、爵士乐来自美国的黑人的贫民窟。贫民窟的生活品质，你觉得解决了最基本的生存需求了吗？生理需求和安全需求得到全部满足了吗？恐怕没有。但是你发现了吗？美国的黑人贫民窟里面常常载歌载舞，他们在唱歌跳舞、找乐子。听过花儿乐队的歌曲《穷开心》吗？他们每天在唱歌，在穷开心。所以人的快乐、唱歌跳舞，这种音乐和艺术的产生，与他的生活条件和低级需求满足不一定成正比。

美国有不少管理学者和专家反对马斯洛层次理论，在美国高校的管理教科书中，马斯洛先生还没有在中国的大名气。其实，我们也可以找一些生活实例来加以验证。

举例一：中华人民共和国成立前的地下党，那些在地下战线的共产党员为了革命事业抛头颅洒热血，他们有没有满足低层次的安全问题？没有，他们每天都是不安全的，可是他们一样为理想而奋斗、为信仰而献身，实现最高层次的自我价值和人生价值。

举例二：在朝鲜战场上的中国志愿军，为了保护战友、歼灭敌人，被冻死、被烧死的英雄事迹比比皆是。例如邱少云，熊熊大火在烧他，他却一动不动，最后被活活烧死、光荣牺牲。大火烧到我们，我们会不会动？要不要动？自身严重不安全了，多数人会选择自我保护，可是邱少云没有动、也不能动，为了保护战友、为了消灭敌人、为了崇高理想、为了自我价值的实现，这是最高层次的满足。

举例三：我们到四川、云南、广西等很多少数民族地区去旅游，你会发现他们的物质生活条件并不是非常高，可是你会发现当地的很多人民群众、少数民族的兄弟姐妹比较满足、开心和快乐，围着篝火又唱又跳，脸上洋溢着笑容。再看看生活在北京、上海、深圳的白领人士，每个月收入一两万以上，却活得好可怜、好悲催，每天都很焦虑、一点都不开心，人家落后地区的老百姓一个月可能只有千把块，甚至一年才赚三千块，可是每天围着篝火载歌载舞，快乐指数、幸福指数相当高。

可见，人的精神文化生活一定是需要建立在物质基础上吗？一定是全部都满足了低层次需求才会有高层次需求吗？恐怕未必。在知名的美国哈佛商学院，马斯洛的需求层次理论是不被待见的，美国很多大学的教授学者公开反对马斯洛的需求层次理论，但马斯洛在中国的名气很大，尤其是在工商管理界名气很大，在心理学界可能未必。现在越来越多的中国学者，经过研究以后开始认为马斯洛需求层次理论不一定非常完善，还需要进一步升级。当然，需求层次论还是有一定道理的，人的内在需求肯定是分层级的，而且对一般人、大部分人而言，其需求的满足也是由低向高，逐级发展。

四、赫兹伯格双因子理论

管理界比较著名的激励理论是赫兹伯格双因子理论。心理学家赫兹伯格研究发现，人的工作行为可以从两个极端的评价去研究它。第一极端是对工作现状很满意，第二个极端是对工作状态很不满意，大部分情况是居于两者之间，偏向于哪一端，哪一端的成分比例就比较大。

“小张，您对您现在的工作现状很满意吗？”他说：“谈不上很满意，工资再翻五倍差不多。”“那就是对工作的现状不满意了？”他说：“那也不是。如果不满意的话，我已经离职跳槽了，那我现在还待在公司，说明这一份工作做得还可以，先混着吧，还可以。”这是留职的状态，还没有想到马上要离职，当然如果有诱人的跳槽机会就不一定了。如果某一个员工处于在职状态，就是介于两者之间。如果该员工做得非常开心，工作很快乐，领导调动了他的积极性，激发了他的潜能，他处于非常满意的一端。那如果他准备离职，不打算继续忍耐，那就是处于非常不满意的一端。所以，管理专家把员工分为三个类型和状态：第一是最糟糕的、很不满意的叫离职或准备离职状态；第二是很满意的叫激发潜能、满意状态；第三是一般还可以的中间状态，谈不上很满意，也谈不上非常不满意的叫在职状态。

赫兹伯格研究发现，把员工从离职状态让他留在公司，这一类叫保健因素。

保健因素就是金钱、物质等因素，如果做不到就会使员工非常不满意（离职）的这些因素即保健因素，例如：公司的政策、行政管理、技术监督系统、人事关系、工作环境或条件、工资的待遇或薪金、工作的安全感，例如要跟公司签一个劳动合同，最好是无固定期限的合同。保健因素大部分跟物质和金钱相关。

如果把员工从在职的状态推向激发潜能、调动他的积极性，让他进入非常满意的积极状态，叫激励因素或促进因素，它通常跟精神、荣誉、成就感有关系。例如：工作上的成就感、工作当中得到认可和赞赏、工作本身的挑战和兴趣、工作职务上的责任感、工作未来的发展前途、个人的成长培训或者晋升的机会，这些都是激励因素。

简而言之，保健因素是物质和金钱，激励因素是精神和荣誉，即是物质奖励和精神鼓励两大类。

请大家注意“薪酬”这两个字。第一，薪是柴火。过去做长工的，老板可能没有发钱给你，而是给你一袋米或者一堆柴，回家干吗？烧饭吃。所以，薪就是物质、钞票和金钱一类的物质奖励。第二，酬是精神、尊重、关怀和鼓励。壮志难酬是指志向难以实现，酬是理想、志向和尊重，酬不是金钱。所以，薪酬这两个字的组成就是物质加精神。所以，对员工的激励，也是从这两个方面激励因素和保健因素入手，这是赫兹伯格的双因子理论。

激励理论本身有一些内在的关联性，可以比较一下。例如 XY 人性假设理论，X 理论就对应保健因素，Y 理论就对应激励因素。同时，保健因素和激励因素是马斯洛层次理论的由低向高、逐级的发展。

除了这些经典的激励理论之外，还有三个不常见的激励理论。

五、金字塔模型

本节的激励理论是关于行为心理的金字塔模型。金字塔模型认为，人的所有行为都源自其行为动机和内在的心理因素，主要来自三个方面或层面：①最低层面是金字塔的塔基，是恐惧因素，即恐惧型行为；②中间层面的是责任型行为，是为了承担某些责任而采取的行为；③金字塔塔尖最上面是价值型行为，为了实现价值采取的行为。

某一个人他为什么会采取这样的行为呢？可能的原因有三类：

首先，可能是最上面的价值型行为。因为他喜欢、热爱和感兴趣，因为他觉得这样做有价值、很热爱、有使命感，对他有好处，他才去做。而且做的时候比较容易投入，容易进入痴迷和忘我的状态，也就比较容易产生成绩，甚至取得较大的成就。

其次，也有可能是中间的责任型行为。他采取这样的行为，不一定是因为很喜欢、很热爱，或者能给他带来很大的价值，而是因为他认为：这是我的责任，我必须要这样做，我无可选择，这是我的职责和担当，我必须要挑起重担来！有点不偏不倚的中立性质，谈不上很喜欢或者很讨厌，总而言之这是我应该要做的，就类似于：男人必须要扛起养家糊口的责任，男人要准点回家、要养育好子女、要听老婆的话（很多男人做不到呢），这就是你的责任。所以成了家有孩子的男人与没有成家的单身男人相比，对责任感的理解那是不一样的。我们给很多应届毕业的大学生去讲，什么是责任？大学生感觉到很苍白，没有感性认识，而一个有了家庭和孩子，上有老下有小的中年男子，你去跟他谈责任，不用讲太多，他很容易清楚什么叫责任。

最后，也有可能是一种最底层的恐惧型行为。他这样做是因为害怕和恐惧而不得不做某件事，其实他是很不情愿去做这件事的。他是被刺刀、被鞭子、被逼迫了的，因为他害怕受惩罚而去做某件事或不做某件事，这就是恐惧型行为。他是由于恐惧的压力而不得不做的行为，一旦压力消失或者恐惧下降，这种行为也有可能会随之消失。

就好像男人晚上九点钟之前必须要回家，这个行为是因为价值型、责任型还是恐惧型？如果是恐惧型，那就是因为回家晚了就要跪搓衣板，所以要早点回家，这是因为恐惧、害怕而不得不回家。如果是责任型，就是甭管是喜欢还是不喜欢，下了班不回家回哪里去？还要回去接孩子、买菜烧饭，这就是责任型。如果是价值型，就是因为爱老婆、爱家庭、爱孩子，所以要早早回家，大概是新婚蜜月期的人一定是这样，结婚七八年、十几年了可能不是这样热乎了，已经到了七年之痒、审美疲劳了。所以，人的行为心理按照金字塔模型分为三大类心理动机。

六、行为心理动机理论

本节的激励理论是行为心理动机理论。行为心理学家研究发现，人的所有行为都是来自两大方面，第一是为了远离痛苦或者为了解决问题；第二是为了实现快乐，满足其精神、荣誉和快乐。按照中国传统文化的阴阳八卦理论，人的行为动机就是趋利避害：对我们有利、有价值和温暖的事物，我们就离它近一些；反之，比较危险的、有害和不利的东西，我们就离它远一些；现代心理学称之为远离痛苦、实现快乐。所以，领导者在员工做激励的时候，通常使用胡萝卜加大棒的策略，第一是大棒，即用痛苦和压力去刺激他，逼迫他去做，第二是胡萝卜，用价值和利益去吸引他，提升他的价值、荣誉、精神和快乐。

七、亚当斯公平理论

最后一个激励理论是亚当斯公平理论。亚当斯公平理论认为，人们渴望追求公平。公平有两类：相对公平和绝对公平。绝对公平是投入跟回报是否成正比，相对公平是投入与回报的比较或排序，可能我并不知道具体回报应该是多少，但我知道跟别人比我是怎么样的。

中国人比较注重相对公平还是绝对公平呢？中国人更注重相对公平，所谓“不患寡而患不均”。假如我看到跟我差不多的人（同学、同事等），拿的钱比我多，我就会心里不服气、不平衡，可能会得红眼病。例如，跟我类似的那个小伙伴现在居然开大奔驰、住豪宅，我却没有房住，只能开桑塔纳或者骑自行车，那我怎么办？心里难受，反感他报复他！这就是社会上很多的所谓仇富心理，这也是因为感觉不公平而导致的扭曲行为。

最后总结一下八大激励理论：第一个是罗森塔期望定律，第二个是弗洛姆激励期望理论，第三个是 XY 人性假设理论，第四个是赫兹伯格双因子理论，第五个是马斯洛需求层次理论，第六个是金字塔模型，第七个是行为心理理论，第八个是亚当斯公平理论。

第五节　期望领导法

罗森塔期望定律认为，人的行为表现受到由上级的要求和期望的影响，领导对他的要求越高、越明确，对他的期望越高，他的行为表现就可能会得到改善、表现得越好。美国的二战名将巴顿将军就提出来期望领导法。期望领导法就是对下属员工要进行期望，期望越高其表现越佳。

一、意愿与技能分析

在领导对下属进行必要的期望之前，首先需要做一个员工个性化的分析，把员工做意愿和技能的分析，即用两个坐标去把员工的意愿和技能做一下分类，横坐标是意愿，纵坐标是技能。这样就可以把下属员工分为四大类：

1. 明星。高意愿、高技能的员工就是明星员工。

2. 新人。高意愿、低技能的员工是新人。新员工刚进公司时，通常工作意愿都是很强的，但是其工作技能却不太熟练，还需要进一步培训。

3. 老兵。高技能、低意愿或者意愿常常波动的，这就是老兵、老员工。老员工的作业技能肯定是没有问题的，掌握了很多的工作经验，但是老员工意愿可能会波动，会受到各种因素的影响。老员工进公司三年到五年左右，可能会进入到一个职业倦怠期、瓶颈期，又称为抱怨期。

倦怠期、抱怨期，也与审美疲劳相关。在生活家庭中的表现就是七年之痒，就好像两口子结婚七年到十年左右，可能会发生一个七年之痒的审美疲劳现象。两个青年男女谈恋爱，热恋的时候很黏糊，一日不见如隔三秋，在刚结婚前期和新婚度蜜月时一切都很好，生了小孩、有了繁杂的家庭事务，三五年之后就开始逐渐产生矛盾，这些矛盾不断的积累，积累到了七年左右，就会炸出来，这就是七年之痒的现象。不仅仅是中国有七年之痒，在日本、美国、欧洲和全世界，只要他是人，他就会有七年之痒现象。

同样在职场上也有类似的审美疲劳现象，被称为职业倦怠期。例如，在一家公司上班的员工，大概三年到五年左右就可能会进入到职业倦怠症。新员工刚进公司的时候，会感觉到好新奇：哇！一家很大的公司，很优秀的跨国企业！不错，不错！入职以后会有很大的压力，要不断地学习、面对挑战，人事很多新同事，要适应环境、适应人际，还要进行学习新内容，过得很匆忙、很充实。三年以后，该学的技能都会了，该认识的人也都认识了，这个时候公司的优点和闪光点开始视而不见了，大多数看到的可能都是缺点、阴暗面。所以，你让优秀企业三五年以上的员工来看本企业，有不少人会感觉不怎么样，这就说明他们开始进入到职业倦怠期。他发现所谓的优秀的公司不过如此，我们公司有一堆毛病，有这个问题和那个问题，这个时候看到的全是缺点和问题，看不到原先公司的优点。这就是常见的老兵现象。

领导者面对老兵应该怎么样呢？尊重他、关怀他，让他共同参与，要跟他多商量，当然还需要额外地给他一些面子，满足其自尊心。老兵、老人轻易不要砍掉，因为老人是个宝。不要忘记尊重和优待老员工也是一种企业文化和价值。我们家庭要讲究孝心，在企业就表现为善待老员工、尊重老员工，这也是我们企业文化层面的孝心，因为要记得我们都会老的，每个人在企业里面都可能会老化的，所谓长江后浪推前浪，前浪死在沙滩上。所以，对待老人和老兵我们应该采取什么样的策略？我们可以采取什么样的管理方法？请各位思考。

针对员工现状做意愿技能分析

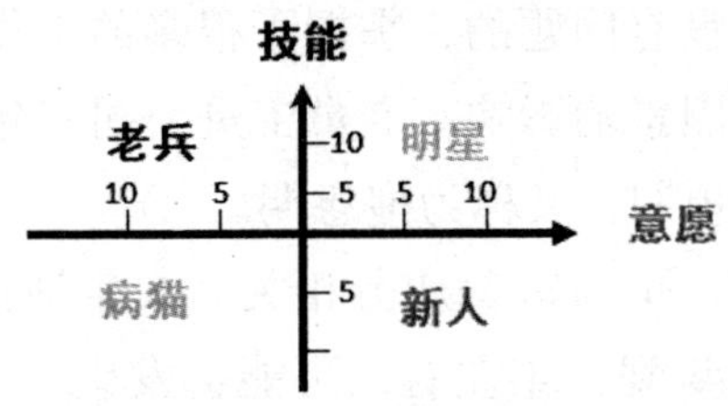

图 4–1

4. 病猫。第四种意愿很差、技能也很差的员工叫病猫。病猫这类员工的工作技能很差，干不了活，不能胜任岗位工作；同时意愿也很差，消极怠工、调皮捣蛋，这种员工该怎么办？有人说把它干掉，把他咔嚓掉，行不行？

你真要咔嚓掉，我也不反对，可是我提醒你，是否可以给一次改正的机会？毛主席教导我们说："惩前毖后，治病救人。"尽量还是给他一两次机会做改正吧，因为这个员工他刚入职还是新员工的时候是不是病猫啊？有新员工一进来就是病猫吗？如果是，那说明用人主管在招聘的时候甄选流程有问题。大部分新员工刚刚入职时都是很积极的，那为什么他会慢慢变成病猫呢？除了他本人的问题之外，我们的主管是不是也有问题？公司的管理和制度会不会也有一些缺陷和不足呢？我们的管理系统是不是还有一些不完善的地方呢？所以建议大家对于病猫型员工还是要予以抢救、予以拯救。

如果我们能够针对病猫型员工，在意愿或者技能方面能够有一些提升和改善，就可以挽救回这一只病猫。老员工是个宝，如果能够挽救过来，是不是能够比我们招募、培训新员工能够节约一些成本？所以，对于病猫型的员工，最好还是给他一次机会，类似于把死刑改为死刑缓刑两年，大家都知道死缓其实就是无期。我们这个员工犯了非常严重的错误，按照规定需要开除，在开除之前可以留个改正机会给他，叫留职察看。留职察看就是给他一个改正的机会。就像在战场上有人立下军令状，最后没有完成任务，按照约定就要杀头，在杀头之前给他一次机会，让他戴罪立功。当领导者面对病猫，可能会适当地需要法外开恩、灵活处理。欧美的领导者不是这么认为的，他们认为法不容情，强调法律和制度的刚性，但是在中国文化里面可能需要领导者做一些适当的变通，我们比较强调刚柔并济。

二、期望领导法的步骤

当我们完成了对员工按照意愿和技能进行分析以后，就可以开始做期望领导法的具体步骤了：

第一步，对员工做期望。针对他的个性、需求和擅长技能，以及他的热爱、痴迷和志趣所在，我们来对他做期望和未来发展规划，做到人尽其才、物尽其用。对他做期望，其实就是做职业生涯规划，帮他做发展设计，有利于培养和发挥他的个人价值，看看他未来个人的成长和发展。

第二步，把对他的期望和未来发展的规划告知他，跟他一起讨论，得到他的认同和确认，最好是书面的确认。

第三步，一起讨论、确定他的下一步行动步骤和改善计划，拟定好书面的行动计划。

第四步，不断地在过程当中对他进行反馈和激励。如果做得对的，就要给他正回馈和正强化，不断地鼓励他、表扬他。如果做错了、出现了偏差，就要及时地做辅导和纠正，一直到达成期望的个人成长目标。

这种激励＋培养的管理方式就叫期望领导法。

第六节　有效的激励技巧

一、百分俱乐部激励法

在企业的管理实践中有一个非常有效的激励技巧和激励系统叫百分俱乐部，最早期由美国的戴蒙德工厂在 20 世纪 80 年代开始使用。百分俱乐部就是把普通的员工按照不同的类别去晋升职级，并且用具体的分数进行量化，这就是比较早的计分游戏方式，就类似于幼儿园的小星星奖励，我们在很多工厂和学校推行小星星激励计划和活力盟绩效游戏系统。

企业内部有很多员工是技术能手、业务能手、熟练工、核心骨干类的员工，如果企业晋升他做主管、让他带团队，可能他不喜欢也不擅长，因为企业常常只有这一个管理职位的晋升通道。这位骨干老员工已经进公司五年了甚至十年了，他干不了主管、带不了团队，就意味着他还是个员工，普通的作业员、业务员。那么请问他晋升不了行政职务的领导，不能胜任主管和领导者，他跟新员工的称呼是一样的吗？他还是工厂的作业员、销售部门的业务员吗？假设他在公司做了八年销售业务了，他很能干业务、很能抢单，是销售高手、业务骨干，他干不了销售经理，不能做片区经理、不会带领团队，那他还只是个业务员吗？这种晋升激励通道就会稍稍有问题，需要改进员工的晋升和发展通道。除了团队领导者之外，还可以有技术和专业系列。技术系列针对工程技术人员，如助理工程师、工程师、高级工程师等等。那其他的人员有没有专业类的晋升阶梯呢？比如说文员、销售员，有没有一套晋升的系列呢？

二、多通道晋升系统

多通道晋升系统就好像军队里的军衔一样。军队的军衔和职务有一定的关联，但不一定完全匹配。例如，如果军衔是少校就一定是团长吗？不一定，类似于团级干部，军衔甚至不一定带兵，也有唱歌的将军军衔。少校有可能是营长有可能是团长，所以你的军衔代表你的职级，职务是具体的领导岗位，职级和职务是不一样的。那如果是普通的战士，军衔有可能是下士、中士或上士，就是做个班组长可能是上士。那当然做到排长、连长可能就是尉官，尉官就是军官系列了。一般现在做尉官以上通常要读军校，要经过系统的军事学习和培训出来，军校毕业才可以做军官。那企业的员工是不是也可以学习这样的职级系统，给员工评职级，也分为五个星级，一星级、二星级、三星级、四星级、五星级。不同星级有不同的各种福利、奖励和特殊待遇。

我们在一家酒店曾经见到过端盘子的服务员，居然一个月拿一万块以上的底薪，你觉得可能吗？完全有可能。为什么？扛星（星级晋升）啊！一颗星的刚毕业参加工作，可能也就八百块钱，真的很低，有违反最低工资嫌疑，可能是实习生待遇。转正以后翻一倍，一千五。一颗星是试用员工（实习生），两颗星转正员工，三颗星是合格员工，三千块。四颗星再翻一倍是优秀员工，六千块。五颗星是明星员工，底薪再翻一倍，一万二，其他奖金薪酬收入的系数也是翻倍，翻一倍就意味你扛星、晋升星星。所以，虽然你可能只是个普通的员工，但是如果你能够扛到五颗星，那你的底薪就是一万二，记住你的上级、团队领导人的底薪可能也没有一万二，可能主管的底薪只有四五千块，经理可能也只有八千多块，但是你的底薪是一万二。实际工作中具体系数是可以适当调整的。

企业需要给员工设计一些晋升通道，就好像过去计划经济年代，包括现在还有很多体制内部门，还有干部级别，例如县团级。在部队里的团长和团级干部，退伍转业以后到了地方上去，他可能只能做派出所的所长，派出所所长只是科级干部，但是他是部队里的团级干部，那么团级干部做了派出所所长甚至做一名普通的警员，这就是职级高职务低的特例。那他是否在乎他团级干部的待遇？团级干部有时是一种政治待遇，与疾病工资挂钩。

所以，企业是不是也可以这样去做呢？让我们的员工挂星，做星级晋升，如果表现好，就给他晋升星级：一颗星、两颗星、三颗星、四颗星、五颗星，评他的职级，通过不断地去晋升职级，这是百分俱乐部的激励方式。

三、员工激励技巧和建议

激励技巧一，听取下属的建议，管理学上叫提案改善，真理常常在民间。

激励技巧二，跟下属员工共享成果。有了利益、荣誉要跟大家来一起共享。有一个经理人曾经来分享过他的职场经验，他说："我在公司能够待十几年，不断地能够晋升，体会很深，主要就是三不要：不要跟同级争功，不要跟上级争名，不要跟下级争利。工作的成绩如果有功劳就归于同级配合的人，如果有利益、有钱、有奖金、有收入就跟大家下属一起分享，如果有名、有荣誉要归功于上级。"我就问："那你得到什么了？你不是什么都没有得到吗？"他说："我得到了安全，我得到了优秀的人际关系，我一定活得很安全很自在。"我想，他的三不要在中国的职场里面还是非常重要的，而且管用、有效。

激励技巧三，三明治式的批评。什么叫三明治？两片面包加一块肉。当我们去批评员工的时候，你应该怎么做？第一片面包是希望肯定，第二片面包是鼓励和期待，上面一片面包叫甜蜜开始，下面一片面包叫期望鼓励，中间夹了一块肉，就是分析原因、提供解决方案，这就是三明治式的批评法。

领导者跟下属员工做沟通，一开始需要做一些肯定和铺垫，然后就需要转入解决问题的正题。有些领导刚刚铺垫完了，准备批评下属，又担心下属会受不了，马上又去肯定他鼓励他，那你到底是准备批评他还是肯定他？我们的目的是需要他改正一些错误的行为。例如，有一些员工被领导叫到办公室来，领导先表扬肯定了一下他，员工沾沾自喜地以为老板在表扬我，讲完了以后开始讲问题，刚刚开始讲问题，又怕不小心伤害了下级的自尊，又开始表扬他，表扬完了一通之后问题忘记讲了，让下级误以为是来接受领导表扬的，他完全不明白上级的真实意图是什么？所以，这个下属离开老板办公室时还以为老板把我大大表扬了一番，表扬了我两次，他还纳闷老板为什么没有给我发红包？或者给我一个奖金呢？他会觉得很奇怪。所以这是我们在鼓励员工和批评员工之间，要把它分寸和火候要掌握得非常好。

激励技巧四，目标激励。领导者需要通过目标激励来激发员工的工作热情。领导者的诱导比强迫的效果要来的好，也就是胡萝卜和大棒的问题。胡萝卜的效果要比大棒要好，例如：成年的男子去牵一头水牛牵不动，搬角也搬不动，可是六七岁的小孩就可以把那头牛一牵就牵跑了。为什么？六七岁的小孩拿了一根胡萝卜在这个水牛的前面摇了一下，水牛一下就起来了。所以，领导者的诱导、利益和好处要比刺刀、皮鞭、强迫和辱骂，要来的效果更好一些。所以，在管理工作中，针对下属常常运用一些鼓励、肯定、赞美和欣赏的手段等等，大多数还是蛮有效果的。

四、激励方法汇总

国际上所有激励的方法，罗列了以下方法，总有一款是适合你的。比如说：目标激励、民主激励、压力激励、竞赛激励、竞争激励、表率激励、用人激励、授权激励、信任激励、物质激励、精神激励、赏识激励、关怀激励、感情激励、宣泄激励、惩罚激励、尊重激励和信心激励等等。每一种方法总有可以适应的情景和对象，具体激励方法也需要因材施教、因地制宜、实事求是。

1. 压力激励

其中有一种激励方式叫压力激励，对于一般工作人员而言，适当地采取压力是不是有利于他的行为改变？当然要小心，这个压力不能太大当然也不要太小。就好像我们人类生活的环境当中，有 1 个大气压的压力，你能感觉到有压力吗？空气当中有压力吗？有。如果没有压力，我们上到太空就压力变小了、几乎没有压力了，所以宇航员要穿宇航服，因为外面没有压力，体内有一定的大气压，真空里没有压力，那人就有可能就会变成爆米花，一下子炸出去，那叫零压力。如果我们下潜到深海里面，越往深海的下面压力就越大，所以一般军事的潜艇大概可以下潜六百米已经算是深海潜艇。中国有技术可以下潜到几千米深度，有报道中国做深潜试验，可以深潜到五千米六千米，就已经算是非常厉害的，引起了国际上的轰动。

其实，人类对深海的研究不如对太空的研究。我们能够发射一颗卫星，可以登月，可以登上珠穆朗玛峰8800多米，都可以做到。可是人类可以下到深海8800多米吗？海平面下面可以下去8800多米吗？能够下去几万米吗？很难。我们发现，下到几千米、上万米的难度比我们登高的难度更大。所以潜艇需要一个非常厉害的保护壳，因为深海的压力太大了。可见，压力一定要合适，一个大气压就刚刚好。当然，团队竞赛和竞争，就可以保持适当的压力，团队需要合理适当的良性竞争环境。

2. 授权激励

为了改善下属的工作行为和提高领导者的工作效率，需要对下属进行适当授权，要委以重任，做到人尽其才，既把合适的人放在合适的岗位上。就好像企业进行人员招聘一样，企业不是招聘最优秀的人才（企业可能花不起那个钱），而是招聘最合适的人才。招聘人才时，不仅仅是看他擅长做什么，还要看他喜欢做什么，再加上他擅长做什么，如果该工作他喜欢又擅长，那么他来做这个岗位，就一定会忘我工作，容易进入痴迷状态。

当然，物质的奖励和精神的鼓励是同时都需要的，上级要不断地去赏识他、鼓励他，这就是罗森塔效应——期望定律。

3. 宣泄激励

还有一个比较怪的激励方式叫宣泄。现在很多的领导者、白领和作业人员，他们的工作压力和精神压力是非常大的。人的压力大了之后怎么办呢？需要有一个合适的通道能够让他宣泄，总不能回家打孩子、与太太吵架吧！所以就需要一些心理顾问和心理咨询师等等，提供必要的协助。

在日本的企业里有几个房间叫牢骚室，公司规定：上班在办公室不允许发牢骚，发牢骚请到牢骚室。牢骚室有一层楼共有三大间：拳击室、休息室、哈哈镜。第一间是拳击室，员工进去以后，发现从社长董事长一直到每一个课长都有一个橡皮人，头像上贴着他们的照片，员工就戴上拳击手套，我对谁看不顺眼我就扁他。等把他打得很累了，就进入到第二间休息室。豪华休息室可以来冲个凉，喝喝饮料，吃吃水果，然后好好按摩、休息一下，就好像大型浴场的休息大厅一样，好好休息一下。都休息完了以后，开始进入第三间哈哈镜，哈哈哈哈，然后出去，穿上制服工装，继续好好干活去吧！你连董事长都扁过了，你还想干什么？这种员工宣泄室，就是安排一些合适的通道，让员工能够把他的压力发泄出来、宣泄出来，可以降低、减缓员工的精神压力。

我们常常也会谈到，领导者应该如何能够去减缓降低员工的压力呢？专家研究发现方法有很多，例如：出汗、有氧运动、旅游、唱歌、跳舞、体育运动等等，再如相信宗教、参加一些宗教活动等也是不错的。研究发现，只要是做你自己真心喜欢做的事，就能够真正地让自己放松下来，这才是真正的缓解压力。使用什么样的方法都可以，只要你觉得做这样的事、参加这样的活动能够让我放松，精神和身体能够全部放松，它就一定可以缓解压力。现代社会，我们有太多的人拿着、装着、撑着，很焦虑、很担心、精神很紧张，这样能就会导致我们产生内在的精神和心理的压力。所以，让自己放松或出汗，让自己能够恢复精神和体力，这些活动大家要去多寻找多参与。

有一次，在深圳的莲花山上，过去几年有个“大笑俱乐部”，就会有很多人早锻炼，站在那个山头上一起大笑：哈哈哈，连笑 20 分钟，路人看到都以为他们是一群神经病，其实他们是在放松，是在宣泄。能够寻找到一种很好的宣泄通道，对我们缓解精神压力有很大的帮助。

五、激励的小技巧

我们总结了一些激励的小技巧：

1. 亲手写一封感谢便条。现在打电话、发短信、微信太多了，给他写一个小便条，诚恳地谢谢他，用白纸黑字写下来，他看了以后可能会非常感动。

2. 请上级给员工打一个电话。请我的上级甚至上级的上级大领导，来给我的下级打一个表扬电话，我的下级员工一定会感到很意外，可能会受宠若惊。

3. 请员工吃饭、喝茶。如果费用比较紧张，不给报销的话，那就吃大排档、吃火锅、吃烧烤、吃麻辣烫、喝大碗茶，总而言之，我们可以跟员工待在一起，有吃有喝有玩乐，可以增进情感。

4. 小的进步立即表扬。多肯定员工的工作价值。适当家访，表示对员工生活和家庭的兴趣。经常走走，打打招呼，走动管理。神秘小礼物：适当在抽屉里面装一些神秘的小礼品。当某一个员工表现比较突出、有进步的时候，立即马上对他进行小小的示意，有一些小奖品，这样对员工还是会有蛮多的帮助。

5. 激励维生素。在国际上，如何进行员工激励也是一个很大的关联难题，其中如何能够控制成本、高效地激励下属员工？在国际上管理专家提出了一个激励维生素的概念，或者叫员工维生素。员工维生素是什么？就是那些微量的元素，它不需要花太多的钱，也不需要数量太多，但是如果一旦缺乏这些微量元素，就有可能会导致夜盲症，会导致这样或那样的疾病。其实，这些微量元素所需要的数量不多，所需要的成本也不是很高。这种大作用的员工激励维生素是哪些东西？是欣赏、肯定、关怀和鼓励。

肯定和欣赏就是最重要的激励维生素。领导者要能够常常欣赏员工的进步和表现，肯定其工作价值和工作表现。对于员工来说，如果能够得到上级的肯定，他喜欢吗？会在乎吗？请你思考。

下级员工他做了一件事情，付出了很大的努力，可是却没有人知道，尤其是上级不知道，你觉得他会伤心、沮丧吗？假如员工付出了很大的努力，他的老板或上级走到他的面前，跟他说："小张，谢谢你，你昨天下雨之前，一个人把半吨的货物及时搬进了仓库，自己淋得湿透，你一个人付出了很大的努力，干得很累，我和我们全体部门同仁对你表示感谢。没有你的努力，我们昨天一定会损失惨重，你辛苦了，这是奖励给你的小礼物。"就是这样比较暖人的话语，员工听完了以后，会感觉非常好。本来，那个小张昨天晚上回家还感觉到很委屈，怎么全部门都没有人来帮忙，就我一个人，忙了两个多钟头，都是为了减少部门的损失。可是有老板和领导的这句话，小张的泪水哗的一下就会流出来：我做得辛苦这不要紧，最关键的是，有领导很清楚我付出了努力。其实，这就是对员工的关爱和关注，让每一个员工都知道，他的努力和成果一定能够得到了领导的肯定。肯定和赞赏员工就是员工的激励维生素。

六、有关激励的困惑问题

我们一起思考一些关于激励比较疑惑的问题。

第一，奖励和惩罚的比例，你觉得应该如何？哪一个应该多一些？当然，应该是奖励要比惩罚多一些，专家的研究结果是三比一。胡萝卜加大棒，就是扔三次胡萝卜，才会抡一次大棒。就像海豚训练，如果训练规则是：跳出水面就给鱼吃，跳不出那个绳子就用棒子打。大家会发现跳到一米不到的时候，海豚就不跳了，罢工了，因为打的次数太多了。这就是奖励和惩罚一比一，就会带来这样的灾难。

第二，物质奖励和精神鼓励哪一个更有效？应该是两者结合更有效，巧妙的结合，软硬适当。就好像奥运会的金牌就是物质、精神巧妙结合。奥运会的金牌通常是24k金铸造的，那个金牌拿到市场上去，只凭黄金的重量，可能就值三万多块，再加上它是奥运会的金牌，有很多精神和荣誉的价值，所以那块金牌真的要去卖的话，应该要不止五万块。所以，要把我们的奖励搞成奥运会金牌一样，第一能当饭吃、值钱，第二是巨大的荣誉和精神的鼓励。

第三，物质奖励一定要发钱吗？当然不一定，发宅子、发车子、发票子、发老婆、发期权都是可以的。那么物质奖励，你觉得是要透明好还是隐藏好？我觉得不同的情形、不同的公司可以有不同的做法，应该没有标准答案。总而言之，员工觉得爽，感觉受到了鼓励，那就是最好的。隐藏也罢，透明也罢，各有妙用。如果是对于生产制造的计件制工人，或者销售人员，这种收入还是建议尽可能透明为好。

第四，有主管说：我又没有权力给下属加薪和提干，那我该怎么来激励下属和员工？我们建议用激励维生素，关怀他、尊重他、欣赏他，不断地肯定他的工作价值，你就是对他微笑、点点头、翘翘大拇指、拍拍他的肩膀，夸奖他：干得不错，继续加油！这对于员工就是巨大的鼓励。可惜，并没有多少领导者认识到激励维生素的重要性，愿意真正这样去做。

第五，还有人抱怨说："老板不来激励我，没有人来激励我，我拿什么去激励下面的人？"我们建议你，优秀的职业经理人常常是需要自我激励，通过自我人生的目标和远大的理想，一步一步地进行自我激励、自我前进。优秀的领导者应该是一个奥运火炬，风吹不灭、雨打不灭，永远去照亮你的下属，照亮其他人，照亮自己成功的道路和美好前程。

第五章 教导与培养下属

第一节 教练型的领导者

很多领导者在做员工管理和团队管理的时候有一个普遍的误区，就是他认为培养员工、培养下属是人力资源部门和公司的事情，跟他本人没有太大的关系。他只需要按时、保质、保量完成公司交给的任务，达成自己的目标和绩效就可以了，万事大吉。这样的管理概念是传统的观念，已经落伍了。

一、培育下属是核心职责

对于一个现代领导者而言，教育、训练、培训你的下属是你工作岗位当中最重要的核心职责之一。很多的跨国公司非常重视中层管理干部教育训练下属、教导下属员工、培养后备储备人才工作。把领导者的带教技术和教导职能列为年底绩效考核的百分之二十权重。很多公司要求中层管理干部教育训练的时间一年要有 120 个小时，普通员工一年 60 个小时。普通员工如果每天进行六个小时培训的话，那就需要参加脱产培训十天。管理干部 120 个小时，那就需要二十个工作日，二十个工作日差不多就是一个月的工作时间。

很多知名企业在年底做绩效考评时拿 20 分出来，检验领导者的内部培训工作：有没有培养你的下属？有没有做员工的内部培训，即 OJT（On the Job Training）岗位技能的培训或在职训练？你的岗位技能训练有没有计划和教案？上了哪些课程？有没有记录？有没有测试？下属和员工有没有签名？人力资源部门、教育培训中心有没有备案？如果不够这些培训时间和培训质量，那你年终的绩效考核20分可能就被砍掉了。那如果年收入十万块，那就是两万块没有了。我们有见过最多的企业是占到30分的。所以大家必须要纠正一个概念。教育训练下属是我们理所应当的，最重要的核心职责之一。

领导者在设定月度计划工作的时候，员工训练就是其中一项重点工作。月度的重点工作可以拟定三项，再加上永远的第四项，每年十二个月，几乎每个月都是永远的核心职责和重点工作，那就是下属的教育训练、培训教导工作，永远是领导者的重点工作。

二、培育下属的常见误区

很多领导和中层管理干部，不是很重视下属的培养。往往误以为下属天生就具备工作技能，多接触几次，就能自然而然、无师自通，或者摸着石头过河、能够自学成才。不少领导者普遍认为：不会，主要靠自己学；不懂，就要靠悟性，靠自己去慢慢感悟。在干中学、错中学，经过不断犯错误才能够学会，这也叫体验式学习。体验式的确是一种很好的培训方式，可是完全依赖于员工摸着石头过河，完全靠自我去感悟，靠自己犯错误之后去不断总结经验教训来进行学习，这还是传统的观念和方式，恐怕需要完善和改进。摸着石头可以过河，假如这个河上早已架好了桥梁，付十块钱过桥费就可以快速通过，那你觉得是需要给一点过桥费还是自己继续摸着石头过河？其实，摸着石头过河是创业初期阶段不得已的办法，这叫自我摸索。有个名人曾经说过，我们之所以伟大，是因为踩在巨人的肩膀上。我们需要善于总结和学习前人的经验，所以领导者对下属进行教育训练、传帮带，就非常的重要。

有很多领导者为了完成了他的任务和目标绩效，工作比较忙碌，效率不高、时间紧张，所以认为指导下属太麻烦。常常会出现以下场景：

"你看，你这么笨，讲了一遍还不会，示范了一遍还不会，花五个小时、五十分钟来教会你，还不如我五分钟就搞定算了，教你太麻烦了。"

现在表面看上去，你的工作效率非常高。五分钟自己的作业顶上教导下级五个小时，可是你不要忘记了，你这种所谓的高效率是伪效率。因为下级还是不会做，他的技能没有得到锻炼、得到成长，就继续不称职、不能够胜任他的岗位。从此以后，只要发生了类似问题或困难，就需要上级来帮助他做，他只能被动地等待救援。很多能干的管理干部因此就变成救火队员，因为员工的技能没有得到很好的提升，这些领导就会做得非常非常的累。可见，下属的学习、锻炼和成长，不能仅仅依靠员工的悟性，靠员工自学成才和无师自通，我们的领导者应该是一个优秀的教练和优秀的导师。培养下属是领导者的核心职责之一。

还有一些管理干部常常抱怨说："要我来培养下属，我进公司以后谁来培养过我？也没有人来培养我呀，我不是干得也挺好的？"

没错，开疆拓土的创业初期，公司的元老、新进来的员工大部分都是靠自学成才，谁让你是领头羊呢？谁叫你是领导呢？那是没有办法、没有条件，现在条件不错了，应该可以开始培训人才了。作为一名优秀的领导者和团队领导人，一定需要善于培养、培训下属。管理界有一句口号：领导者首先必须是培训者。如果你不能够很好地去培训下属、带领下属，那你就不是一名合格的领导者。领导者培育下属的工作，管理学上称之为OJT（在职训练）。

三、企业就是培养人才的大学校

在一次企业家论坛会上，松下幸之助先生曾经说过："我们松下公司不是工厂，而是一所培养人才的大学校。"话音刚落，很多的老板和企业家都嘘声一片，"说的比唱的好听，分明是在贩卖电器，说什么培养人才的大学校。"松下顿了一顿，接着解释说："当然，为了给我们培养的人才提供实习锻炼岗位，我们顺便也贩卖一点电器生意。我们松下公司主要是生产制造人才的，顺便生产一下电器。我们生产的主要产品是优秀人才，附加产品是家用电器。"松下先生第一次提出来要把企业要办成大学校。

现代企业有三个重要特征，第一像军队，要有严格的纪律和坚定的执行力。第二像学校，要让员工持续不断地学习、研修和成长，提升并实现自我的价值。第三像家庭，不断地让员工得到关爱，得到温暖和关怀，像家庭一样温馨。所以，一家优秀的企业可能是三合一，军队+学校+家庭，各方面都能照顾到，满足员工的多方面需求，这才是一家优秀的企业。

企业迎接未来的挑战，面对未来的竞争，必然是人才的竞争。在电影《天下无贼》里面葛优扮演的那个贼王黎叔，他讲过一句经典的名言："二十一世纪什么最重要，人才最重要。"可见，做小偷的贼王都很重视人才的培养，那企业对人才的培养应该怎么做？因为人才才是企业真正的核心竞争力。

企业竞争的因素中，百分之七八十的东西是相似的，你花钱是很容易买来的，只有百分之二十左右的东西是不一样的，这个不一样的因素主要就是人。一般的机器、设备、技术、生产线和厂房这些可见的物质因素大多是一样的，但就因为企业组织内部的人员因素不一样，不同的人员操作同样的机器设备，发挥出来的作用和效果就会截然不同。人头脑中的智慧表现出来成果，不同人员做出来的行为，他们所呈现出来的服务和创新成果也不一样。“人”开始成为企业当中最主要最核心的资源之一。

传统的人事部现在变成了人力资源部，其意义就是领导者需要对员工——人力资源进行开发、管理和提升。领导者需要尊重人、爱护人，培养和提升人的自我价值，领导者需要建立人的晋升阶梯和成长阶梯，疏通员工的晋升通道。员工要想成长、不断地晋升，那就需要不断地学习和培训，就需要有部门的领导来做他们的指导老师。员工学习和培训的老师和教练，就是企业各个部门的主管和领导人。企业是培养人才的大学校，那么总经理就是学校的校长，所有的任课老师和班主任是谁呢？就是各个层级各个部门和团队的各级主管和领导。

有一家知名的跨国企业，把上下级的行政关系转变为学校里的师生关系，这就是管理实践上的“指导人制度”。上级领导不但是下级、下属的行政领导，主要关注目标达成和绩效的完成，而且他也是你的成长导师。导师会更关注于你个人的成长，个人价值的提升，所以每隔 2–3 个月，指导人与学生之间要有一个师生见面会，见面后轻松聊天，不谈工作只谈个人和家庭。你要谈一谈未来的发展目标和计划是什么，下一个阶段你个人成长和家庭规划是什么，下一步需要读哪些书，需要做哪些练习，做哪些考察，要做哪些研究。如果上级领导同时是我们的人生导师，恐怕我们会终生难忘。每一个研究生与他的导师会不会一辈子都有联系呢？可是，我们在过去工作单位的那个上级领导，一旦大家离开了那个单位，不存在上下级的关系了，我们还会一辈子都联系吗？师生的关系和行政的关系显然是不一样的，导师和学生的关系一般比较牢靠，因为包含着许多情感因素和私人交情因素，而行政领导和上下级的关系是很脆弱的，大多数是经不住时间岁月考验的。你是因为官大一级压死人，我服从你，并不是从内心尊敬你，并不能真正影响我，而只是因为你是我的上级，所以这种上下级的关系是很短暂的，也是非常脆弱的。建议所有的领导人，都应该要成为下属的导师，成为他的人生成长教练，所以管理学有个口号，是做教练型的领导人。

四、教练型的领导人有五大特征

教练型的领导人需要有五大特征：第一，你要熟悉比赛的场地；第二，你要研究比赛的规则；第三，你要制定本队的战略、战术；第四，你要反复训练本队的队员；第五，当比赛开始时队员上场，教练只是进行场外指导或暂停换人，当然还需要建立啦啦队，要进行不间断地鼓舞士气。

教练型的领导人跟队长的角色是不一样的。队长需要亲自上场踢球，进行现场的作业，参与球场的踢球运动，球场比赛时需要团结在以队长为核心的团队周围，贯彻和执行场外教练的战术意图。队长是要上场踢球的，这就是基层主管和基层领导。而对于中高层的管理干部而言，恐怕更多的是要扮演场外教练的角色。所以，当下属员工真正地去进行作业、操作或运作的时候，教练其实就在身边做观察、指导和纠正。

五、企业就是人才的兵工厂

我们的口号是：企业应该建立像兵工厂一样的人才工厂。就好像普通的社会青年，从社会上征兵招募过来，必须要经过三个月的新兵营。要进行反复的训练。新兵营里面的那个上级，不叫长官叫教官。教官跟一般普通的长官有什么不同？普通的长官只是对你下达行政的命令和指挥。而教官其实更多的是教练和老师，他要教会你军事技能，每天要辅导你、教导你、支持你和纠正你。新兵营就是把社会上招过来的一个普通青年，培养为一名合格的职业化军人，这就是新兵营。新兵营的作用就是新兵的培训工厂，在部队里面常常称之为教导团。教导团的一个班长大概进入到真正的野战部队可以做排长以上的军官。所以，教导团就是这么厉害、这么重要。企业也应该就像新兵营和兵工厂一样，训练人才、培养新兵，企业也应该要成为人才工厂。

第二节　为什么学习和学什么

接下我们来研究关于学习的两个问题：第一个问题 why，我们为什么要学习和培训；第二个问题 what，我们要学习和培训什么内容。

一、为什么要学习

人们为什么要学习？因为有三大需要：第一是时代的需要，第二是竞争的需要，第三是自我的需要。

1. 学习是时代的需要。

时代在不断地发展，从过去的农业社会到工业社会，现在进入到信息社会和知识经济的社会，即将到来的是智能化的社会，万物相连、一切智能，可见，时代和社会发展带来了学习和认知的迫切需要，社会发展由过去很缓慢和一般的速度，开始变成了加速度，而且发展速度越来越快。

在一千年前，汉朝、唐朝和宋朝，再到明朝，跨度可能会有五百到一千年，你说社会形态的变化有很大的质的变化吗？并没有太多的变化。所以，在农业社会的时代，一两百年到五百年，并没有太大的根本差别。一个活在唐代的人，如果他穿越到宋朝、明朝了，时间跨度有五六百年。可是他发现除了皇上和年号不一样，穿的衣服稍稍有一点差别，讲话的口语有点不一样之外，其他相似的地方会很多，例如种地、科举和当官的方式。可是，如果清朝的一个人被冷冻起来，在当今社会醒过来，他还能适应当今社会吗？假如是民国时期 1940 年的一个人，隔了七八十年穿越到当今社会，他还知道什么叫电脑、网络、QQ 和微信吗？他能够理解当代人手机不离手、遍地低头族吗？他一定会很诧异。所以，农业社会的发展特征是超稳定的，工业社会和信息社会的速度就越来越快了。

从工业革命之后，一百多年来，我们发明的东西太多太多，从电灯、电话、蒸汽机一直到现在的电脑、高科技等等，变化非常快。在今天知识经济、信息化的年代，社会的发展是加速度状态。只有 10 年、20 年和 30 年的时间，社会的形态就会有巨大的变化。大家还能够想象，目前中国的社会形态与二十世纪八十年代的比较吗？如果我们把八十年代的影视和录像拿出来看，大家都会很笑话，为什么？会感觉到八十年代的人穿的衣服很老土了、香港的功夫片也好简单。八十年代的人脑子里的思维和观念很好玩、很单纯、很可爱。可是不要忘记了，现在的中老年人都是从八十年代过来的，八十年代是整个国家推行改革开放的初期，那个时候社会的氛围，大家的思维方式和思想观念跟当下的现代社会差别很大。社会的发展呈现加速度状态，不学习进步就跟不上时代，可能就要被时代和社会淘汰。

2. 学习是竞争的需要。

当今社会是充满着竞争的社会，企业之间、国家之间的竞争，组织之间以及个人之间的竞争，现在的竞争强度和烈度越来越大。竞争还需要有远度思维，就是现在能够有竞争优势还不够，你还需要着眼于未来的竞争，提前做好相应的准备。未来的竞争是什么？就是学习的竞争。所以，圣吉在《第五项修炼》一书中第一次提出来：第五项修炼就是学习，是为了应对未来的竞争；21世纪的竞争是什么竞争？就是学习的竞争；你可以停止学习，但是你的对手从来都不会。你进行学习和培训是需要付出代价的，但是你不学习、不培训恐怕要付出更加惨重、更加大的代价。可见，学习就是为了竞争的需要，是为了我们自我的生存。

3. 自我的需要。

我们要持续不断地学习、研修、成长，同时，学习的内容需要有深度和广度。按照台湾郭台铭总裁所说的，学习需要有广深高速，就是我们学习、思考和思维，需要有广度、深度、高度和速度等四个维度。所以，现代社会的人一定要不断地学习、培训和成长，必须养成终身学习的好习惯，否则，早晚要被时代所抛弃。

二、学习要学什么？

学习很重要，那到底学什么呢？就是what、学什么。按照学习的金字塔的模型，我们发现，学习需要学这五大类的内容。

1. 生存训练。

金字塔的最低层是生存训练，学习需要从金字塔的最低层生存训练开始。小孩子开始长大的时候，我们家长就要不断教导他：不要去玩水，不要去跳楼，不要去玩刀，不要去玩火，出门在外不要跟陌生人说话，不要吃陌生人的东西，万一在街上、公园里走散了，应该要回到原来的地点，要去求救那些穿制服的人，要通过广播来找大人等等。学校里面需要对学生进行安全教育和紧急处理演练。小孩和学生就这样不断地被训练、被教导，这些学习的内容叫生存训练。结果很多家长和学校不够重视学生的生存训练，导致大学生、研究生也被人贩子拐卖。这个要引起教育工作者的深思。

2. 知识学习。

小孩子开始上学了，在小学、中学和大学，包括研究生教育，大部分都是在进行知识的灌输和学习，不断地学习理论知识和原理概念。所以，有很多学霸才高八斗、学富五车，可惜脑子里面，装的全部都是理论知识和概念，操作技能就比较差。可见，只有理论知识还不够，还需要继续增加实践技能。

3. 技能训练。

当大学生从学校里面毕业，进入到企业工作的时候，企业就需要给他培养训练基础性的工作技能。中国企业对员工技能培训的压力，是非常巨大的，很多大企业需要招募管理培训生，选拔好的苗子，花大力气培训他们最基础的职场技能。因为大多数中国的大学、高等教育大多只是在培养学生的理论知识，并没有给学生去提供足够的作业技能。倒是一些高职类的院校、应用型的高校培养了学生某一项专业技能，就业率就非常高，毕业生人才很抢手。

为什么会发生这种现象？目前我们中国的大学生就业率比较低，有些工作岗位要选人，有些工作岗位不愿意干，形成了供给侧不匹配的现象。每年国家和政府都需要去解决大学生的就业问题，这个就业难的问题有一部分就出在高等教育的系统上。社会上难道不需要大学生就业吗？非常需要大量的年轻人充斥到就业大军中去。但是，大多数大学生从学校里毕业出来除了会懂一些理论知识概念，实际的作业技能并没有，这样也助长了大学生眼高手低的坏风气。所以高校教育系统需要做一些改革，把大学转变为应用型大学（主力是本科和专科），研究型大学（主力是硕士博士）。有一些著名大学的高才生，有些也有可能会找不到工作，令人担忧，或许是因为他在接受高等教育而不是在接受高等训练。

值得思考的是，另外有一些少数的应用型大学如职业技术学院等，他们的就业率却非常高。有一个校长告诉我说，我们大学生的就业率是百分之三百！怎么会有百分之三百？他是大专院校，从一年级招来一百个学生，却有三百个都就业了。为什么？一年级的新生就已经被很多的跨国公司和大型集团公司给预订掉了，还需要交比较高的预订金，就是提前购买专业技能人才，他们才是真正卖人才的学校。这些典型的应用型高校没有学生找不到工作，因为职业技术学院毕业的学生，他们都是熟练工甚至是高级技师，因为掌握了某一项技能。

所以我建议中国很多的大学和高等教育，非研究型大学的应用型高校，除了要教学生一些知识、理论、概念和科研之外，是不是可以适当地给大学生提供一些专业性的作业技能，加强实验、实训和实践实习类课程。当然，实习不是让学生提前找工作上班，让学生在实际工作岗位上自习成才、无师自通，而是有指导老师带队，有明确的实习目标和实习教材的分阶段训练课程。

图 5-1

4. 态度的训练。

一个人为什么会有这样的行为？其实是决定于他的心理情绪、感受感觉和态度，一个人的心态和情绪管理非常重要。那么他的心理情绪和态度是受什么影响和决定的呢？是受精神、信念、观念和价值观，这就是第五个层次精神的训练。

5. 精神的训练。

所有人的行为其实都是内在心理在外面的影射，心理投影出来就显示出人的行为表现。信念、心态和行为三者的关系，就好像一只鸡蛋一样。鸡蛋壳是外表面即人的外在行为，蛋壳里面的蛋白就好像人的心理、情绪和感受，蛋黄是最核心的内容即人的观念、信念、精神和价值观。所以要想改变一个人的行为，就必须要改变他的心理、情绪和态度，最核心、最重要的是必须要调整、改变他的精神、观念、信念和价值观，要重塑他的灵魂。所以，教育的伟大使命和价值就是：用正确的思想和正确的观念去改造人、塑造人、培养人，使得他们成为未来社会的有用之才。

所以，领导者在进行教育训练工作时，如果仅仅是灌输给他一定的理论知识（传统式、低层面），或者只是教会他一定的方法和技能（应用型、中层面），这是远远不够的，更重要的是培养学生能够树立正确的价值观（前瞻式、高层面）。人的行为改变，真正的持续的改变是来自于思想、精神和信念的改变。毛泽东说，我们要改造人的思想！而改造人的思想、重新塑造灵魂是世界上最困难的事情，也是最卓有成效、最有成就感的事情。如果我们没有真正地改变他的思想和信念，最后他的行为改变永远都是暂时的，过了一段时间他又会死灰复燃，恢复成原来的状态，因为思想和信念没有彻底改变。

因此在我们的教育培训工作中，好的培训课程应该是尽量把这五个层面的内容揉在一起，做成一个很混合、很综合的丰富营养餐，例如：五粮液，五谷杂粮饭，或者是把各种蔬菜餐盒面粉做成新式面条。如果专门只针对某一项、某一个层面的内容做培训，有可能会显得有一点单薄，不够丰富多彩，学员的接受度可能会比较低。例如，我们给员工做精神类（打鸡血、心灵鸡汤类）的训练，我们给员工讲授一天精神类的课程内容，是不是很容易引起员工的抵触？就好像在教堂里面、在寺庙里面讲经说法，很容易会变成空洞的说教，单纯讲授型上课可能就会比较枯燥，搞成体验式训练就会比较受欢迎。所以，培训课程可以以某一类层面为主，最好尽量结合其他方面，能够把企业精神、企业文化、价值观等等，以及人的心理情绪跟知识理论（应知）和方法技能（应会）掺合在一起，形成复合式培训，对人的思想感染和价值观塑造方面能够循序渐进、逐步发展。

通常来说，一个优秀的工作教导应该包含三个方面的东西：第一是应知，理论知识；第二是应会，方法技能；第三是战略和文化，企业文化和企业精神，即企业所倡导的文化、理念、精神、价值观和心理、情绪、态度等等，如果能够把这三个东西混在一起，这才是真正优秀的培训课程。照这样的三结合标准来对比一下，我们有很多的培训、教育训练工作做得不是非常到位。

在《第五项修炼》一书里面提出来，企业要建立学习型组织。学习型组织通常具备以下的几个特征：

第一个特征是要拥有共同愿景和共同的目标。

第二个特征是要善于个人学习和团队学习：终身学习、全员学习、全过程学习、团队学习。团队学习需要终身学习，所谓活到老学到老、学到老活到老。只有学到老，才有可能活到老，即终身学习。全员学习，从新员工、基层员工和老员工，所有的岗位和所有的职能部门，不同层级的领导和所有的员工都要覆盖到，这才是全员的学习、全过程学习和团队学习。所以，员工成长的每一个阶梯都需要不断学习，当他换了新的职位或岗位，也都需要来进行重新学习。

第三个特征是扁平化的结构，能够加强员工自我管理和团队的自我管理，实行学习理论知识和方法技能的有机整合。同时还能够把企业文化和企业精神巧妙地做一个结合，能够进行全面的系统的人员操作培训。当然是不是也可以适当地运用指导人的制度，把上下级的行政关系转变成新型导师学生关系或者是师傅与徒弟的关系，教练指导的关系等等。所以，富士康集团建立 IE 学院实际上就是一个典型的标准，学习型组织的一个经典案例。

第三节　技能教导和心理辅导

一、下属培训的两大类工作

领导者应该如何对下属员工进行培训？我们把对下属的培训分为两大类的工作，第一类是针对员工的作业技能的，称之为工作教导或者叫指导。第二大类是针对员工的心理和情绪方面的，即关于员工的精神、思想、心理、情绪、压力，我们如何去提供一些适当的帮助，称之为心理帮助或者叫情绪辅导。所以领导者培育下属，可以从两个方面来谈：

第一大类是指导工作或工作教导。在技术和技能层面来帮助和训练员工，帮助下属员工不断地提升生产力，改善服务的态度，提升和增加团队的生产力，减少员工的流失，提升员工的作业技能，以及提升团队和组织的整体绩效。这是针对作业技能方面。

第二大类是针对心理和情绪方面的辅导工作。针对员工的情绪、心理、态度、精神、困扰等等，当影响到员工的工作过程和工作效率的时候，领导者需要提供一些心理辅导方面的服务和协助，来帮助员工克服心理上的困扰，增加员工对团队对公司的归属感，能够提升他的工作价值，增加他个人的愉悦感，这样从工作当中找到个人价值，能够帮助他更好地融入团队，融入岗位工作当中去。

二、创造好的内外环境

领导者如何针对作业技能方面给员工提供相应的工作教导？首先领导者需要给员工技能的教导工作，创造一个很好的外在和内在的环境，建立一个很好的学习和培训的氛围，创造一个适当的教导环境。因为环境可以影响人改造人。

举例，在家里面父母去影响小孩读书和学习。我很惊奇地发现，当父母去跟孩子讲：你要去读书、学习、做作业，而父母却坐在客厅里面看电视追剧，那个孩子在房间里面每隔十几分钟就会跑出来，“哎！爸爸、爸爸，那个人死了没有？那个坏人有没有抓住？”他每隔十分钟就会出来问一下。我们做父母的说：“去去去，做你的作业去，认真地去学习。”最后他问了一个问题令我们的父母很难堪：“爸爸妈妈你们都在客厅里看电视，我一个人在那里做作业，我觉得人跟人是不公平的。”我说：“怎么不公平？”“为什么我那么倒霉，我要做作业而你们却可以看电视。”我说：“小孩学习是主要的任务，我们大人是可以看电视的。”然后他问的一句话：“请问大人就不要学习和读书吗？”我们哑口无言了。父母应该怎么办？我们讨论十分钟，决定把电视关掉，后来我们把电视机的天线全部都拔掉，把电源断掉，过了几个月没有交电视费用。太好了，客厅里的电视再也没有节目了，我发现过去很糟糕，大家一进到客厅，第一件事就是遥控器，然后泡杯茶坐在沙发上，变成了“沙发土豆”。很多人一天消耗在客厅的电视机上面看电视节目的时间很多，每天超过三小时，可是你学习和读书花多少时间呢？很少，每天不足一小时。最重要的是榜样和楷模的力量。如果你跟小孩去说，去读书学习，你做家长的、做父母的有没有去读书学习？所以，家庭学习的氛围很重要。

后来我就发现把有线电视停掉，把电视信号拔掉，把电去掉，插头全部拔掉，要去看电视好麻烦，还要再去装，那就不看了。把孩子叫到书房来，我告诉他我们现在开始学习，学一个小时再休息一下，他弄一个台子坐在那里，我弄一个台子坐在我这里，我也看书学习，他也看书学习，一家人都在看书学习，你认为这个小孩他会不会想看电视？所以环境氛围很重要。一个书香门第的父母在认真读书学习，那子女一定会爱读书、爱学习，所以我们建议经常把孩子带到新华书店，带到图书馆，带到博物馆，去让他去看去读，长长知识、增加见识。少看电视多读书，首先从家长开始。

在企业里面，多读书、多学习、多成长也需要从领导和主管开始，这种学习的氛围，有利于培训教育的外在的环境，对于下属的影响是非常重要的。所以我们要求下级爱岗敬业，那我们自己爱岗敬业了吗？我们要求下级每个星期要读一本书，我们自己有每天读书学习了吗？请好好自我检讨一下。

三、激发员工自我学习成长

当然，在创造了很好的培训教育的外部环境之后，最好还要激发一下内部的学习热情，把企业“要他学”转变成员工下属“我要学”，让员工不断地学习成长，因此激发员工的学习兴趣，针对他学习、成长的需求，就显得非常重要。

所以，真正的学习是鼓励员工的自我发展，领导者帮助他做个人的职业生涯的规划，帮助他设计一个未来自我成长的路径。常常会帮助他填一张自我生涯规划的表单：张三这个下属员工现在你在什么职位？你努力花三年到五年的时间晋升到哪一个职位？那么这个职位把他的工作分析和岗位职责拎出来，来看看我们这个新职位具体有哪些要求？哪些应知的要求？哪些应会的要求？能力和方法上的要求？对照新职务的这些要求，我们个人还有什么样的差距？为了适应未来职业发展的新技能上应知应会的差距，这就是培训的需求。把它写下来，把它测量下来，把这些都记录下来，这就是我们未来三年的发展方向。

让员工自我学习成长，上级领导协助和指导，这就是职业生涯的发展规划和自我价值提升发展。这种定向规划和自我发展才是教育训练做员工培训内在的真正的动力。否则，他就是一头牛，你怎么去拽他也拽不动，除非他想走。

传统的火车与动车组最大的不同在哪里？动车组是每一节车厢都会有动力，而传统的火车不是这样，“火车跑得快全靠车头带”。车头去带，车厢它不动，硬要拖着它，这种被动的学习和培训一定是收效甚微的，除非能够激发他自我学习的欲望和潜能。

第四节　教导流程的五步骤

当领导者塑造了良好的内在和外在环境之后，接下来应该如何去进行指导或教导下属员工呢？根据每个下属员工的不同素质、技能以及岗位工作的基本要求，大概把员工教导工作分为五个步骤。

第一，诊断员工的培训需求和需要，分析员工的指导需要。第二，设定制定员工的执导目标。第三，拟订、制订员工教导的计划。第四，执行员工教导的计划。第五，对员工教导计划进行适当地评估、反馈和小结。

其实，整个员工工作教导和指导工作的全过程，是与PDCA管理循环（计划－执行－检查－改进）相类似的，也是从分析、诊断员工的培训需求开始，到设定目标、制定计划、执行计划和追踪评估，差不多相类似的循环过程。

一、分析培训和教导需求

第一个步骤，分析员工的培训和教导需求。培训需求就是目前或未来的工作要求与现实技能之间的差距。

1. 分析诊断员工培训需求的方法

领导者如何诊断和分析每一个员工培训的内在需求呢？领导者可以通过一些可行的方法：

第一，做沟通。跟员工做个别沟通，直接了解他的想法和需求。

第二，做观察。看看员工在岗位上的作业行为和日常工作表现，衡量或评价一下公司对他的工作要求和岗位标准有没有达到，是否有差异。

第三，通过记录和台账发现员工的培训需求。如根据工作数据、报表、表单等记录来研究，可能会在哪些方面存在差距？哪些方面有异常、不正常的状态，距离标准可能还会有一些偏差。如果最近企业新上了新系统、新设备、新技术，那有可能会需要给员工提供一些相应的教育训练，以适应新的技术设备。

2. 从三个方面分析员工培训需求

分析员工的培训需求，通常从三个方面来进行分析诊断。即从组织的方面、人员的方面和工作的方面。

第一，从组织的方面进行分析，即从企业的战略目标和要求来进行分析。从企业的整体战略和绩效要求来看，领导者应该要怎么做呢？所需要做的行为就与培训需要紧密相关。

第二，从人员的方面进行分析。看看员工的个人要求和想法，做一些调查和访谈，看看员工自己有什么样的具体需要。

第三，从工作的方面进行分析。管理上也称之为工作分析和岗位职责。当领导者在做员工培训的时候，主要的依据是什么？很重要的基础就是该岗位的工作分析和岗位描述、岗位职责。把该员工的工作分析表和岗位说明书拿出来，来检讨分析一下，该岗位的员工有什么样的培训需要呢？他应该要做哪些动作呢？把该岗位对员工的作业技能要求，做一下小的细分，细分以后再针对员工的作业技能进行测量和验证，看看两者之间是不是有差距。这是给员工做 OJT（在职训练）和员工培训的一种依据。所谓“缺什么学什么，缺什么补什么。”

例如，在某员工的具体岗位里面，如果需要掌握十项技能，十项作业技能他是不是每一项都不合格呢？未必。可能其中有三项技能明显不够，五项技能还可以合格，还有三项技能可能会做得很不错，达到优良水准。所以，需要把该员工的作业技能分为三大类：做得很棒，一般和很差。领导者培训该员工首先从哪里开始？当然是先从最差的那几项技能开始，然后做得一般般的技能看看能否再提升一下，做得很好的就没有必要再做培训了。

所以，员工的培训、辅导、教导的针对性，首先要从工作分析和岗位描述开始。在工作教导时，还需要对岗位描述的细分技能和动作细目进行分解，不断地分解，提炼出岗位 SOP 即标准作业规范手册，然后再来检验员工的作业行为是否达到标准作业规范 SOP 的作业标准？他的主要差距在哪里？请记住：所有的培训都需要首先是基于员工的岗位要求，然后再来谈他个人的想法和要求，然后来谈组织战略和整体绩效对他的要求。如果下属员工连该岗位的正常工作都不能胜任，还会出现很多的问题，不能达到岗位的基本要求，那还去谈其他的什么？一切都是多余的。

这是第一个步骤，诊断和寻找员工的培训需求。

二、拟定培训教导的目标

第二个步骤，拟订和制定培训教导的工作目标。培训教导的工作目标必须基于员工实际工作的训练需要，依据员工的培训需求来设定培训目标。

1. 培训目标设定的SMART原则

培训目标的设定要符合SMART五大原则：S是明确具体的，M是可衡量的，A是跟大目标一致，行动导向、有操作性的，R是高低适合、务实现实、切实可行，能够跳一跳就够得着的，T有时间限期的。实际工作中有不少领导者在设定培训教导的目标方面是有很多不足，不符合SMART五原则，不够清晰、具体、明确、可考量。

2. 培训目标设定的误区

举例，某一次培训教导的工作目标是：员工接受质量控制的培训教导后，产品的返回率由百分之五减少到百分之一。

这个关于员工培训教导的工作目标，你觉得合理完整吗？符合SMART五原则吗？已经满足了一些量化因素，还有很多的问题和不足。

首先，T时间期限方面，何时完成。员工接受了质量控制的培训之后，产品的返回率是要从百分之五减少到百分之一，有时间限期吗？我们要说下半年或者第三季度、第四季度，产品的返回率或不良率能够降低到多少？要有一个实现目标的期限。所以需要加上：产品返回率在第三季度从原来的百分之五降低到百分之一。这是完成目标期限的衡量。

其次，M可衡量的要素，如时间长度和对象人数等等。员工接受质量控制的培训是几个小时？答案是六个小时。假设该质量控制的培训辅导是六个小时，那么培训对象是具体哪些员工？是所有员工还是某一部分员工？再把它量化明确具体一下：是进公司六个月之内的新员工。那就修改为：六个月之内的新员工25人接受质量控制的培训指导六个小时，从而达到第三季度产品的返回率由原来的百分之五降低到百分之一。这才是真正的培训教导的工作目标。

3. 假大空和正确的废话

如此看来，有很多的培训教导的目标设定的是有问题的，有不少假大空的正确的废话。

有不少部门，在拟定服务目标或产品质量控制的培训目标，他可能会写成：本月举行一次……的句式。

例如：本月举办一次关于质量控制的培训，进一步强化质量管理意识，提高产品质量。

这些培训目标就是在讲大话、讲空话、讲假话，不符合SMART五要素原则。

所以，领导者设定员工培训教导的目标时，一定按照SMART原则来，一定要符合五个方面的要素，要切实可行、清晰明确、可考量、有时间限期。

三、设定工作教导的计划

第三个步骤，拟定好培训教导目标之后，需要开始设定培训教导的工作计划。具体怎么去培训指导他？

1. 培训教导计划包含的详细因素

培训教导计划分为人事部门、主讲老师或领导者等三大类，其中会包含有很多因素，每一项都需要具体和详细，形成合格的培训教导计划。

人事部门拟定的培训计划包含的因素：什么日期，做一个什么主题的课程，参加的对象，培训的课时时间长度，主讲者，希望达到一个什么样的预期效果，以及费用预算和其他资源准备等等。这一类是培训领导者拟定的具体的培训方案和计划。

对于主讲老师而言，培训教导计划包含的因素有：教学的进度计划，或者叫培训教案。比如，八点到九点讲什么内容，重点的知识点、技能点是什么，应知应会是什么，教学的主要方法是什么，每一个时间段等等，主讲者会有一个具体的教学进度计划，这个也是细化的培训或者教导计划。

领导者在对下属员工进行岗位技能训练的时候，这一类员工训练计划需要包含以下因素：①参加对象；②培训时间；③培训场地；④培训内容；⑤希望解决的问题；⑥目前下属员工的问题和现状；⑦这次培训以后改善结果的衡量标准。如果希望本次培训教导工作能顺利达到预定目标，就需要针对预定目标把以上详细因素全部罗列出来，交给上级领导进行审核，同时要给人事部门及培训相关部门进行备案和存档。作为团队领导人和部门主管，当我对下属员工进行OJT在职训练是需要提供证据的，一定需要提供相关的证据和必要的资料，培训部门是需要存档的。

2. 工作教导常用的三类方法

当领导者在给员工提供工作教导的时候，需要依据标准作业手册（SOP）来进行训练。常用的方法有以下三种。

第一种，一对一的动作示范。示范通常都是相对比较简单的技能和动作。我示范一遍，你看一遍，看完以后你就可以做。

例如父母在家里教导孩子洗碗。一般洗碗要洗几遍？洗碗需要洗三遍，第一遍用洗洁精，第二遍要清，再洗洗，第三遍要用流水冲，这就叫三遍洗碗法。我第一次做示范，示范完了之后让他来做，这是针对比较简单的作业技能。

第二种，教练型，就是一对一的母鸡带小鸡、老鹰带小鹰的方式。这种指导就是师徒制，师傅我一边做，你一边看一边学，这样来进行培养徒弟。当然，比较简单、容易掌握的技能，做一对一的教导比较有效。在实际工作当中遇到相对复杂、比较长时间的作业技能，把他们切成一小段小香肠式的技能单元，然后分阶段地教导，手把手地示范练习和纠正。更复杂的技能训练就要运用到第三种教导方法。

第三种，PESOS 五步骤方式。如果某一项工作技能有较大的难度、比较复杂、一时难以掌握的，针对该技能做工作教导时，通常就把它分为 PESOS 五大步骤——准备、说明、示范、观察、督导。这五个步骤分别需要做什么？

3. PESOS 工作教导五步骤

第一步 P 是准备。提前做好所有的准备工作：教练和教导员要准备，学员要准备，场地要准备，培训课程内容要准备，所有的道具设施等都需要准备。所以，教导之前要做好充分的准备工作，要有备而来，“工欲善其事，必先利其器”，只有充分的准备，在接下来的工作教导、技能训练的工作才有可能落到实处、取得实效。

第二步 E 是说明。教练或教导员和学员都到了培训现场，开始要进行培训和指导了。做教练、师傅的，需要先对作业过程和动作要领做一个说明和讲解。那就是先不要操作，在操作之前要讲作业原理、讲步骤说明、讲标准规范、讲作业重点，讲安全防范和注意事项，因为一旦开始操作，新手就有可能会有各种危险发生。所以，在开始应会操作之前先做一下应知，掌握基本理论和注意问题。说明环节通常会有 SOP 标准操作手册，有作业的标准流程，有每一个步骤的详细标准、基本原理、动作要领、动作规范和注意事项，可能会发生的困难、危险和问题全部预先告知，而且把这些基本的说明、条款、动作的要领等等，要先让下级背诵，做到烂熟于心、默记在心、脱口而出。建议领导者花一点时间，把这些操作要领、注意事项等等内容编成口诀，就好像早期小孩子学习算数有乘法口诀，学习珠算有珠算口诀，中医药的配药处方也是有口诀的。编成朗朗上口的口诀，可以方便下属员工更容易学习和记忆。这是第二步关于理论知识和程序的说明。

第三步 S 是示范。示范就是师傅、教练进行示范操作，给员工、徒弟来看。师傅要求徒弟先来看操作过程，看的时候要说出或默念动作步骤和规范要领，作业规范和流程，第一步怎么做，每一步应该具体怎么做。师傅要求徒弟，你一边说步骤，我一边做给你看，说准步骤我才做，说不准我就不做。所以，这个时候是徒弟说、师傅做，先把动作规范和流程概念搞清楚，再来进入到具体实操。就好像初学者学开车一样，必须先把交通法规理论等等搞清楚，然后才能开始实际上车操作，开始摸方向盘、踩油门，操作之前也需要掌握动作要领。老师、教练做示范，示范完了以后接下来的步骤是让徒弟、让学员来做。

第四步 O 是观察。当徒弟学员在做实际操作的时候，师傅干什么呢？师傅做观察。观察，最好是观察徒弟作业过程的一小片段，在逐步累加。高难度、长时间的作业技能可以切成 n 个细节或 n 小段。我做一段示范，你来做一段练习，我再做下一段示范你再来做一段练习。这种动作训练需要做技能分解和叠加，很复杂、高难度的技能一下子全部都塞给学员，他可能会受不了的。就好像学开车的过程，开车驾驶是一个简单的技能还是一个复杂的技能？应该属于是复杂技能，是一个完整的、长阶段的、比较复杂的高风险技能，所以仅仅靠一次示范肯定是完不成的技能转移。你有见过学开车的学员，只是坐在副驾驶的位置上，看正驾驶位置上的司机如何开车，然后看了十分钟，就能自己开车了？十分钟就能学会开车吗？只靠简单的示范，这肯定是不行的。所以一般正规的驾校教新学员学开车，通常是把开车的技能切成一小段，分段练习。

各位如果你学过开车的话，一定记得第一天教练教你的内容通常是有限的。不会让您碰油门和离合器，第一天就做两个动作，第一握方向盘，左转右转；第二换挡位，盲挂挡位，不允许看挡位，一挡二挡五挡。手握方向盘，有点手感，换挡位换得比较娴熟，就 ok 了，这是第一天课来教你的内容。然后第二天开始，启动车子，踩油门让车子跑起来，先是走直线，直线走得很好以后，开始走右转弯、左转弯，然后再练习靠边停车。当新学员会起动车子走直线，左拐右挂和靠边停车以后，再来教你原地掉头，教你单边桥、上坡启动，会教你一些比较复杂的动作。所以，所有复杂高难度的动作都是建立在简单动作的基础之上的，所以一定要做动作分解，然后再组合、合成。师傅把一个小的动作片段做完示范，徒弟来进行实际操练和练习，师傅在一旁做观察，防止他万一有做得不对的地方、错误的地方，怎么办呢？立即做纠正。

第五步 S 是督导纠正。下属员工如果有做得不对的地方，就需要做纠正和督导。那万一严重犯错该怎么办呢？师傅一定要在边上进行紧急救火，所以一般的教练车有一个紧急制动，当徒弟在开车的时候，师傅的脚下有一个紧急制动。

万一你要快撞到树上，万一你将要开到河里去了，那师傅就要提前帮你提前踩刹车。因为初学学员在碰到突发事件和危急情况时，可能会惊慌失措，这是需要师傅来帮你做紧急制动。当然，一般情况下师傅的紧急制动刹车，通常是不去踩、不去碰它的，除非有突发事件和重大危机，而且状况非常危急。

小结一下，在领导者师傅和下属徒弟之间，在训练其作业技能的时候，通常把它分为五个步骤，叫 PESOS：P 是准备，E 是说明，S 是示范，O 是观察，最后 S 是做督导和纠正。

4.PESOS 的更细化步骤

日本企业把一般的 PESOS 五步骤细化成更多的小步骤。

第一大步骤 P 做教导前的准备工作，与 PESOS 基本相似。

第二大步骤 E 做说明。说明就要细化为两个小步骤：第一小步骤是师傅说徒弟听，即师傅把作业的流程、条例、注意事项等等先说给你听；第二小步骤就是徒弟说师傅听，看你能不能把作业流程、SOP 标准作业规范、作业手册能够讲清楚。只有讲得很清楚、很好了，接下来才能开始进入真正的实操阶段。

第三大步骤 S 是示范。示范也细分为几个环节：第一个小步骤是师傅先说后做，师傅在实操的时候要先说作业流程，说完一个步骤的作业流程再做一个动作或操作。这个时候是师傅说和做，徒弟看和听。第二个小步骤是徒弟说师傅做，一开始是我先说后做，接下来你先说我后做，只有你把操作步骤流程说准确了我才进行实际操作。如果你说的步骤流程不准确，我这个动作就不做。这样下来，徒弟、学员、下属就会对这个作业流程和规范了解得很清楚，这是你说我做。

第四大步骤 O 是观察。就是学员、徒弟来进行实操作业。具体也可以细化为很多小步骤：①徒弟先说不做，先把流程说清楚然后再来实操，流程步骤说得不对的，实操不要做了，做的话肯定是错的；②徒弟先说后做；③徒弟不说只做，不用讲完操作流程和规范才去做，因为操作流程和规范已经印在脑海里了，他的动作会越做越熟练，这就是不说只做，然后教练、上级在边上做观察，看看有没有哪些瑕疵需要做一些修正和改进。

所以，在实际教导工作中，越是复杂、大型、长时间的作业技能越是要小心谨慎，需要把整个作业技能拆分成若干小段的标准动作，把每一个作业动作的细目要严格按照 SOP 来进行加强训练。可是实际工作情况恐怕常常会走样，严重打折扣。请各位主管和管理干部来自我对照一下，看一看目前对下属的教导工作存在着哪些值得纠正和提升的地方？应该如何进行纠正？

四、执行工作教导计划

当领导者拟定好针对下属员工的教导计划，也掌握了正确的工作教导方式方法，接下来就需要进行贯彻、落实和执行了。有效指导下属员工的技巧，类似于员工沟通、辅导、反馈、面谈等技巧，我们总结了有七个方面的技巧。

第一个技巧是：态度专注，要显示尊重、关心和感兴趣。比如说，你要跟员工坐的位置之间没有隔阂，能够做到彼此相融，心理态度和情感感觉要能够相互融入。具体的要求有：目光要交流，身体要前倾，眼神要接触，点头做肯定，翘翘大拇指，相互要保持一个放松的姿态。更重要的是需要领导者要多做一些鼓励和肯定，语言的肯定，目光的肯定，笑容的鼓励。我们看到很多学车驾校的一些教练师傅，徒弟做得有不对的地方，马上就破口大骂，这样骂了以后很多人就会丧失信心。练习开车本来就很紧张，被骂了以后学员就会越来越紧张，更紧张时反而会更容易出事故，这说明在工作教导技巧方面，这些驾校的教练、师傅有些可能做得还不太够，需要加强教导的态度技巧。

第二个技巧是：复述和确认。让下属用自己的话把理解的要点再复述一遍，来确认他是否真正理解、准确理解我们的要求、流程和动作标准。同时，领导者也需要确认一下下属想表达什么样的意思，是否有问题或疑问存在。

第三个技巧是：不要妄下结论，不要预设立场。用非常开明的态度来倾听他的意见和想法，不是挑剔和找茬，也不是刻意地指责埋怨他，如果需要有批评和否定，也切记千万不要伤害到他的人格。如果他的确有什么地方做得不对，也要提出一些改善的建议和正确的做法，是纠正、改进的建议，而不是指责和粗暴的批评和处罚。

第四个技巧是：要体察员工的内心感受，以同理心的状态，站在他的立场设身处地式的换位思考：如果我是他，我会怎么想，我会怎么做，他为什么会有这样的感觉和行为，他是什么样的立场，要多多地体谅对方。

第五个技巧是：不要害怕沉默。要敢于主动发问，通过巧妙地发问，尽量让员工把内心的真实想法能够说出来。上级问完以后尽量不要自己开口或滔滔不绝，要尽量让下属员工开口，让他们多说话，多表明观点，也不要主动替他们回答问题，更不能轻易地打断他们说话或者否定他们的意见。

第六个技巧是：引导员工说话。上级领导做教练做师傅的不要呱呱呱式地讲得太多，要善于引导员工说话，要善于巧妙地问问题，问一些有引导功能的开放性问题，而不是简单的封闭性问题。开放式问题就是五个 W 加若干个 H：是什么、为什么、谁、什么时间、什么地点，怎么做等等用这些词。如果员工讲出事实，领导者就要引导他讲感受，如果他讲了情绪和感受，领导者就要引导他讲出事实和依据。所以，领导者在跟员工做工作指导和交流的时候，要抓两个方面的重点：第一，是客观事实和真实状况，整体全面的背景信息资料要掌握，就是真实与事实是什么，客观状况是什么。第二，员工的内在情绪和感受，不要只顾着注重于事物的客观状况，忘记和忽略了员工的心理情绪和感受，当时他的心里是怎么想的。所以两个方面都要兼顾，这样才能够让员工在一个比较好的情绪和氛围的心理状态之下，能够高效率地完整、准确地掌握好作业技能。

第七个技巧是：给出恰当的回应。如果员工有了一些问题需要交流或者特别想法之后，领导者需要迅速做出回应、做出反馈，不要迟疑，不要按照自己的主观意见和立场去做很多臆断和评价，即使万一员工有些错误，也需要客观、及时、中立、准确地去做回应和反馈。当然，应该多多地以肯定的语气，用鼓励的话语。如果员工的错误和问题真的很大，一方面是不要做人身攻击，不能涉及人格和品德。另一方面，也不要一下子全盘否定，就是一次纠正一点（最关键最重要的一点），这样逐步地去叠加改进。如果一下子纠正得太多：你怎么搞的，怎么会犯这样多的错误，这样的问题会很严重，会出很大的纰漏，太不像话了！这样会很容易让下级在掌握一项新技能还不是很熟练、基础还不牢的时候，很容易灰心或失去信心，所以，会有很多员工就不愿意学，觉得太复杂了，我根本学不会，我脑子笨、手也笨，开始有抵触情绪了，可能就会彻底放弃。就好像如果某一个人要去学英文，一个单词都不会，目标是在两个星期之内考到雅思六分，那他到底行不行？恐怕还需要找到正确的方法。如果下级稍微有点进步，我们就鼓励他，持续不断地去鼓励他，他的信心就会越来越好，会朝着更高的目标和里程碑一步一步地前进。

这是领导者在工作教导过程中需要掌握的一些基本技巧，大部分跟管理沟通和反馈技巧是相类似的。

五、教导工作的评估

教导流程的第五个步骤是要做评估和评价。高层上级很关心，这一次领导者的培训指导和教导工作有没有实际效果？企业花了很多的时间、人力、物力、精力和财力来做这样的一件事情——工作教导，然后在实际工作当中观察员工的实际工作表现，观察他的绩效达成，观察他的工作进度会如何，是不是有了一些明显的改善，是不是有了一些进步，通常我们称之为通过现场观察的行为改善评估。同时，需要运用书面记录和数据把它记录下来，对于哪些有进步的要及时肯定，哪些做得还不够的接下来还要来纠正、补课和改善，这也会成为领导者下一次对他工作指导的重点需求。

当然，领导者在做企业内部培训工作的时候，普遍的现象就是大家都很重视培训，很重视上课、做报告和经验分享，但是技能方面的实战训练和情景模拟恐怕就严重缺乏。这一点就要向《亮剑》里面的李云龙学习，李云龙带领他独立团战士做培训的时候，他认为：战士们只练基本动作肯定不够，端着那个刺刀，刺杀稻草人肯定是不行的，所以他说要进入接近实战状态进行训练，让一营和二营两个营的战士进行 PK，即用木枪进行双人对决，这样就能够接近实战、模拟战场情景。所以部队里面常常说，训练场上多流汗，战场上可以少流血。只有实战训练，才能够真正地提高作业技能。所以请大家记住，没有经过训练合格的士兵到了战场上只能是炮灰，没有经过合格训练的员工就是公司的成本，而且是破坏品质、破坏交期、破坏成本的坏分子、恐怖分子和隐形杀手。所以，领导者需要不断地训练和提升员工的作业技能，确保达标、淘汰次品，这样训练出来的有战斗力的队伍，对于领导者达成团队绩效和达成企业整体目标会有着很大的帮助。

第五节　员工的心理辅导

一、心理情绪会影响工作表现

很多的下属员工已经具备了比较熟练的作业技能，他会做，也能做，但就是心理情绪和工作意愿出现了问题，不愿意做，这是绝大部分的管理干部在团队管理过程当中经常遇到，也很容易疏忽的一个问题。领导者常常把大部分的精力聚焦于工作任务的达成，以及团队目标和绩效的完成，却相对忽略了员工的心理、情绪、感受、精神和态度等等状态和问题，领导者并不真正了解下属员工的脑子里面和内心里面在想些什么，领导者与员工的心理距离隔得很远。

管理专家提出建议，团队领导者应该更多地关注员工的工作意愿，对下属的情绪辅导应该成为领导者日常工作的重点之一。因为很多的下属员工并不一定缺少技能，更多的是其精神、心理和情绪状态方面有很多的障碍，可能是由于他的工作压力、劳累过度、背井离乡、团队里人际关系紧张、与上级人际关系和工作配合，也包括一些私人问题，如负债、经济、情感、家庭等等问题，形成了精神上的焦虑、情感上的失落和心理的压力。

这种内在的精神和心理的态度会直接影响到员工的个人工作表现，最严重的还有可能会发生个别极端事件，如选择自我伤害或伤害他人，这样就可能会给团队和组织的正常运行带来巨大的负面影响。如果遇到这样的情形，领导者应该如何去解决呢？

二、观察员工心理变化的征兆

其实，员工所有的心理和情绪问题都会有外在的表现和预先的征兆。领导者应该从哪些方面去观察其外在情绪表现可能隐藏着问题呢？员工的心理和情绪问题可以从这些方面观察具体的征兆：例如健康状况，迟到问题，经常与同事吵架，不合作等现象。如果领导者不关注员工的心理情绪问题，这些定时炸弹可能就会让整个团队士气和工作效率受到负面影响，也有可能会让整个组织在声誉上蒙羞。导致这些问题发生，最大的不作为和工作失误就是员工的直接主管。所以，中基层领导者应该把员工心理情绪问题重视起来，要真正地进入到员工帮助计划，注重和辅导员工的心理情绪。

领导者需要及早地观察，提前发现员工的心理情绪问题。当员工的心理态度发生变化的时候，他可能会有哪些征兆和信号呢？领导者可以从三个方面来观察员工的心理和精神状况：第一是工作表现，第二是身体状况，第三是行为表现。

第一个征兆是工作表现。在工作岗位上员工的工作状况发生了很多变化，例如效率降低、速度放慢，不能够按期完成，工作自觉性明显降低，没有工作热情，勉强被动地交差，不能够很好地面对压力，稍微有一点压力和批评就会抵触非常强烈，情绪反应非常激烈，在工作中脾气很暴躁，很容易失去耐心，或者脸色苍白。

第二个征兆就是身体状况。员工发生头痛、头晕、乏力、肠胃不适、精神不集中，很容易生病或者经常请病假，最近抽烟很猛很多，下了班经常喝酒、经常喝醉，夜里睡觉睡不着、失眠，白天工作的精神状态不好等等。员工的身体状况不舒服，可以从他的体力、精神和身体状况上反映出来，假如他夜里睡眠不好的人就会有黑眼圈，头发会很凌乱，他的体态、面部表情和目光会有异常表现等等，这些身体状况就预示着有情绪问题。

第三个征兆就是行为表现。员工除了日常工作表现之外，他的行为体态和与别人人际交往时表现的过程，也可以反映出其情绪问题。例如其行为表现和情绪很低落，动不动就发火，失去忍耐力，多疑、疑心病，很疲倦，怀疑领导，跟同事吵架，常常会讲一些怪话，负面的态度，消极的言论等等。

三、发现了苗头怎么办？

如果我们的下级员工在精神和情绪方面，有这些征兆表现就说明苗头开始出现了。苗头出现了，就必须要迅速采取果断行动，及时用灭火器消灭火苗。领导者具体应该怎么办？

第一，要找他谈话，跟他做深入的沟通和交流。例如，下了班以后找一个私下的场合和空间，私密、轻松的环境，做一些个别谈心和交流。

第二，除了领导者需要时刻注意、留心、观察、发现征兆之外，同事之间的相互关心和及时报告，也是非常重要的。就好像古代战争时期的烽火台一样，及时传递危险信号。因为员工之间彼此相处的时间比较长，领导者能够抵近观察的机会不多（下属见到领导出现会故意表现得很好），领导者得到的信息也不一定非常完整和真实，因为领导者不可能 8 小时或 24 小时跟每一位下属员工在一起相处。所以，员工之间要相互关心，要及时地向上级做情况报告，领导者可以果断处置，防患于未然。当然，这只是私下的沟通，不算是告状式的打小报告，而是出于关心同事，能够及时地提供一些心理帮助。所以，我们对于同事之间、同仁之间的这种及时汇报，向上级领导的紧急求援，我们要予以肯定和鼓励，甚至会给予一些奖励。

第三，我们需要尽量设立一些员工可以主动求助的途径。例如，心理热线、热线电话、小便条、信箱，假如员工有什么问题有需要可以找领导谈一谈。每一个星期或者每一个月能够安排专门的时间，可以让部门领导者与大家在一起交流，也可以选择一些私密性场合和私下机会，让员工能够敞开心扉、谈谈自己的内心想法，相互之间加强彼此了解，了解员工的生活困难、工作困难、家庭困难，甚至是个人情感挫折或困难等等。

常见的做法是企业在部门内部推行关爱活动，建立相亲相爱小组，加强彼此的连接、支持和相互帮助，发挥社团、工会、群众组织的作用。领导者在建立相亲相爱小组时，要求收集小组成员的信息资料，整理成员工的心理档案。但是我们调研发现，大部分相爱小组所做的信息档案资料太单薄，只有姓名、工作岗位、大概的年龄，家住哪里不知道，哪年哪月生不知道，爱好和喜好不知道，讨厌、忌讳什么不知道，未来想干吗更不知道，关于心理和情绪方面的信息都不知道。基层领导者能知道下属的姓名和工作岗位，还算是不错的。有很多的关爱小组领导对于下属员工的名字都不知道，见到面了，嗯，这好像是我部门的，姓名、哪里人都不清楚，这样的情况对员工下属怎么做关爱和关怀。人们彼此的关系和信任一定是相互的，你关心员工，员工一定会给你更好的回报。你对员工冷漠，员工为什么要理睬你呢？

领导者要善于提前发现员工情绪变化的征兆。发现征兆以后，接下来就需要给员工提供适当的心理辅导和支持。

四、心理辅导需要专业技能

领导者对员工进行心理辅导和知识是一项专业性的工作。在美国，领导者需要到心理学家协会去学习六天，合格后颁发专业证书《员工心理辅导》，这还不是心理医生，不可以开诊所，但是美国企业的职业经理人、中层干部大多需要取得这个证书，除了管理技能之外，还需要有员工心理辅导的技能证书，类似于中国现在做的很多EAP——员工帮助计划和心理辅导员等等，这是我们中国企业向国际化逐步看齐的表现，是一个不小的进步。

企业内部的心理辅导分为两个部分，一个部分是人事部门专门来提供的心理辅导员和心理咨询师，提供比较专业的辅导。另一部分是部门内部的心理辅导支持，由主管提供一些简单的心理帮助，比较低层级的心理咨询，例如，与员工深度会谈，跟员工聊天、放松，举办一些员工社团活动等等，就类似于相亲相爱小组的很多活动就非常好。

我们曾经调查过一些优秀的相亲相爱小组，他们做得非常棒，积累了不少经验。首先，要建立每一个员工的台账，包括基本信息和情绪信息。然后，把每一个人的生日列出来，每一个月都有可能会有人要来过生日，举办庆生会。大家都列出自己的爱好，喜欢吃的水果，喜欢的活动，每个人给自己取一个花名、绰号或昵称，每一个月搞活动聚会的时候大家相互之间都称昵称绰号，经常组织一些团队小活动，相亲相爱，其乐融融。根据我们的调查和统计，这几年来有些优秀的相亲相爱小组，小组团队的一年员工流失率不超过百分之0.1。一百个人只有0.1，那一千个人才流失一个，这种相亲相爱小组的日常活动，对于员工的凝聚力是非常巨大的。后来我也很奇怪，员工流失率为什么会是百分之零点一呢？因为后来发现，过去离职的员工后来又回来了，所以他不但是原来的员工没有离职，还有很多洪水倒灌，就是很多过去离职的人回来了。

所以，人和人相互之间的关系符合反射定律和牛顿第三定律，即作用力和反作用力。我们对员工是善良、友好的，是真心帮助的，员工一定也会用同样反方向的作用力来作用给我们。

五、心理辅导的注意点

提醒大家注意。我们在对员工进行心理辅导和情绪辅导和心理按摩、情绪缓压的时候，要注意几点：

第一，时间和时机的选择。要有一个比较私下的时间，当然是上午时间他精神比较好，或者是说下了班以后，要选择一个适当的时间。

第二，适当的地点。比较私密的环境，不要让人家觉得不舒服。我们中国人有一些心理疾病，有了心理压力以后死活都不肯去看心理医生，为什么？万一被别人知道我去看心理医生很容易被别人误以为我是变态、精神失常，我会变成神经病，所以在欧美国家心理医生是一个很好的职业，心理医生会有很多的顾客，在中国则不尽然。中国人还不是很认可这件事情。所以我们对时间和地点要比较私密。

第三，准备工作需要很充分。对于我们员工过去的一些表现和记录要进行查看，要准备一些像我们记者采访一样要准备好提纲，要准备这个员工有可能的心理的原因，可能是哪些因素。

第四，领导者还需要掌握基本的辅导技能和基本功，例如，转移注意力，让他来聚焦，如何去调整员工的呼吸，如何让员工去更好地去做放松，让员工做一些良好的想象，做一些很好的自我的心理暗示等等，这些必要的技能是非常重要的。在国际上每一个中层管理干部都必须要学会这些技巧，简单易行高效，对员工可以缓解压力，进行精神和心理辅导。这些都是我们作为一个管理干部及作为一个员工心理辅导师的基本功。这些基本功人人都要会，否则你就不能胜任我们未来高竞争的职场，你就不能胜任作为团队领导的核心职责。

第六节　工作教导案例分析

接下来我们来分析两个实际工作中的小案例。

一、案例一——部门流传对公司不利的传言

最近经济形势不佳，市场竞争很激烈，在部门里面流传着对公司各种不利的传言，你的下属明显受到这些传言的影响，所以在工作的时候不能够很好地集中精力，那你作为主管应该如何去辅导下属去应付这些外界的舆论和传言呢？

领导者首先需要厘清，这属于是员工的技能问题还是心理情绪问题。显然，本案例中这是员工的心理和精神方面的问题，不是技能的问题。外界的舆论和传言有没有可能会影响到下属员工的工作状态？完全有可能。

领导者应该要怎么办呢？

第一，我们可以选择在专门的时间、公开或私下的场合，与下级员工做一些深入交流。针对各种不利的传言，我们能不能列举出一些真实的事例，拿出证据和事实出来，向员工来证明这些传言是假的，是诽谤和攻击，我们不用去相信他们，清者自清。时间就是最好的冲洗剂，传闻会慢慢地被社会淡忘的。

第二，我们面对这种传言和压力要有一种泰然处之的态度。为什么？因为我们公司太大，知名度太高，树大招风，所以常常有人会诋毁我们，传播一些不实传言，或者有不好的说法，我们应该能够经受得住，扛得住。就好像名人的私生活，通常会被老百姓八卦一样，明星被八卦传闻了，你是选择自杀还是选择淡淡一笑？所以要有正确的心理态度，坦然对待。

第三，我们可以在公开的场合，提供一些铁的佐证，提供证据事实和资料，尽力做好员工的解释工作。也可以在私下的场合，跟个别受影响比较深的员工，做私下的深入交流。领导者需要研究这一件传闻事情会给下属员工带来什么样的影响，要做一个正确的评判。当然，还需要给公司提一些良好的建议，从公司战略和整体层面如何主动去消除、减缓这些不良的舆论影响。总而言之，领导者应该做好自己该做的事情，力所能及地对员工做一些补救或者挽回的工作。

二、案例二——新员工上岗引起生产波动

我们发现公司里有一批新员工上岗以后，常常会导致生产状况的波动，例如品质可能会下降或波动，成本可能会上升，交货期常常被拖延。这种生产状况的波动和震荡过了一段时间以后，自然而然地会有所好转。那你觉得可以努力减少这种震荡或者缩短这种波动的时间吗？波动的主要问题是出在哪里？

大家思考，一批新员工上岗以后会不会引发生产状况的异常和震荡？有可

能。领导者应该如何通过管理来发挥效率，减缓震荡呢？

首先，我们来质疑和研究一下，新员工上岗时有没有掌握足够熟练或合格的作业技能？难道只是简单地培训一下吗？有没有进行实战培训？有没有经过技能训练后的考核？

第二，这些新员工上岗进入到生产线的时候，他们的生产技能有没有做分类分级？不同的员工掌握着不同的技能等级（高中低），有没有跟实际工作的岗位技能要求（高中低）相匹配？就是要达到能位匹配的状态。假设新员工的技能经过训练后，考核分为高中低 ABC 三类，某员工是 A 类高等级技能，很好！领导者就派他去做比较重要的 A 类岗位。如果某员工的技能很差，是 C 类的技能，那领导者就把他派到一个不是很重要、不大容易犯错误的 C 类岗位。当然，有一些最关键、最重要的岗位是不可以让新员工去做的，因为一旦出纰漏，会导致全盘皆输。所以，不同员工掌握不同技能，要与岗位技能要求匹配起来。

第三，新员工上岗以后，新员工和老员工穿的工作服和夹克是否一样？完全一样。那怎么去区分新老员工呢？在很多的日资企业里面，新老员工穿的夹克（工作服）不一样，或者他的帽子可能会不一样，有红帽子、黄帽子、绿帽子、蓝帽子。为什么新老员工的衣服和帽子不一样？代表着新员工与众不同，穿戴不同颜色的帽子或者夹克工作服，容易识别，利于管理。有些企业是在衣服前面、后面，贴着不同颜色的文字或图案，代表着新员工，或者是不同等级技能的员工。不同岗位的技能等级对员工的要求是不一样的，需要把它区分开来，有些企业在工位（岗位）上方吊一些红旗帜、黄旗帜等等，标识重要岗位或者容易出异常岗位，这样领导者用眼睛远处一看就知道，管理学上称之为“防呆法”。

第四，一批新员工上来以后，生产线的生产速度还按照正常的速度进行吗？是不是可以把它适当地降低一下？就好像来了一批驾校里刚出来的新司机加入我们的车队，在高速公路上就跑 120 码，能行吗？恐怕不行。但是跑太满 60 码可能也不行，会影响到车队的整体速度，能不能把新手间隔起来，叫新老搭配，把车队的速度控制在一个 70 码或者 80 码的速度，安全的前提下、适当保持速度，领导者要学会因地制宜。

第五，不同的岗位关键型不同。领导者需要在最有可能出现纰漏的环节，还要做一下堆积数的研究，例如，上下级之间、同级流程之间的最关键岗位，有可能会发生什么样的严重情形？一旦发生就需要马上来补救，不能让这个管道或瓶颈彻底堵死，稍微有一点点堵的时候就需要及时疏通一下，以免积重难返。

第六，新员工上岗以后会产生多长时间的波动？会造成多大的损失和负面影响？领导者需要彻底分析其关键原因，找出关键原因之后采取相应的对策和措施。在本案例中，最关键的环节就是：如何能够在最短的时间内让新员工熟练地掌握作业技能，达到一个熟练工的程度。所以，在新员工上岗的一个星期和两个星期之内，下班以后是不是需要针对这些常常发生错误的作业点，或者技能比较差的新员工，进行专门的额外的训练辅导和工作教导，就是 OJT（在职训练）。不同的新员工会犯不同的错误，有着不同的作业技能缺陷，可以把训练需求类似的同仁召集起来，有针对性地做技能训练和工作教导。其实，新员工真正的关键问题就在于作业技能问题，领导者需要对其加强工作教导，使其尽快掌握工作技能。

第六章　有效授权的技巧

第一节　我们为什么忙碌?

一、中国领导者最缺授权技能

领导者在员工管理里面，授权技能是非常重要的，只可惜授权技能对于中国的领导和领导者而言是最缺乏的。管理学的情景领导和权变理论认为，当领导者面对不同的情景和不同员工的时候，应该采取因地制宜的策略，即与管理情境相匹配，因人而异采取不同的管理方式和领导风格。领导风格因有不同的情境有四类风格：指挥式、教导式、支持式和授权式。

1. 领导风格测评的统计数据

多年前我们曾经采取美国 AMA 企业管理协会的领导风格测评表，曾经测评过国内超过一万以上的中层管理干部。每一次上课我们就把这个测评量表发给大家，人手一份进行测评。测评得越多，测评的结果就越接近越相似。领导风格测评卷有十二道题目，模拟不同的情景之下应该要采取什么样的领导风格。四种风格每一个风格的得分应该是三分，即指挥式、教导式、支持式、授权式各三分。最后的统计数据结果表明，绝大部分中国经理人的领导风格有趋势性雷同，即指挥式 2 分、教导式 7 分、支持式 2 分、授权式 1 分，加起来满分是 12 分。

这个统计数据告诉我们什么样的信息呢？如何去分析和判断这样的统计结果？它包含着什么样的含义呢？统计的数据表明，指挥命令式 2 分，支持式 2 分，说明中国的大部分经理人对于指挥和命令的领导风格运用略有不足，支持式风格也略有不足，大概做了百分之六七十左右，水准尚可，基本达标，略有不足。可是我们的教导式运用就太多了，在 3 分的基础上中国的干部做到了 7 分，翻了一倍还不止。那么这么高的教导运用是不是代表领导者的行为过程做得很好，对员工的支持和关系很棒呢？其实不然。我们经过更深入的调查研究发现，教导运用测评的 7 分结果，已经是超过了正常水准的百分之两百，表现在中国管理干部的日常工作上就是“保姆和包办”现象。就好像中国式父母要操控和包办孩子的职业、家庭和婚姻一样，中国的父母大多数对独生子女什么都不肯放手，什么都想给孩子安排得非常妥当，长此以往孩子就没有得到很好的锻炼，培养了依赖性，养成了“啃老族”和社会的“巨婴”，不敢独立，依赖性很强。

2. 中国人迷恋权力，不肯放权

领导者面对下属时也常常是这样，权力是一个好东西。中国企业也常常表现出比较高度的中央集权，大部分的权限都掌握在老板和上级领导手里。上级领导愿意把大部分权力分配下来，跟下属员工共享领导的权力和权限，这在中国是不敢想象的，可能性不大。所以，结果就是授权的分数只有 1 分，只做到了三分之一左右（满分要 3 分），而且我们测评的领导者人数越多，这样的现象就越普遍、越集中。可见，授权的能力和授权技巧是在中国的管理干部里面，最普遍最缺乏的管理技能，在团队管理工作上最容易忽略的一项管理技能。

中国传统文化的形成受到数千年来封建王朝中央集权制的巨大影响，比较喜欢和习惯了从上而下、权力集中，导致在管理的授权方面不太习惯、做得不够。

3. 领导者进行授权的意义

授权技能对于领导者而言，是必须要掌握的吗？授权技能很重要吗？当然很重要，必须要掌握。管理的实质就是，领导者通过团队里每一个员工伙伴的共同努力来达成团队绩效。团队内部是各有职责、协作分工的，团队进行职责分工就是把一般、常规、风险不大的工作分配给下级员工去做，主管可以有更多的时间和精力去从事更重要、更核心的工作。换句话说，只有通过授权、分工和委派才能够把领导者的团队责任、任务和工作合理地分配给下属，从而使得团队能够按时、保质、保量、顺利地完成公司交给团队的目标和任务，达成团队的目标和绩效。所以，如果领导者不善于授权，团队的绩效就会受到影响；领导者不善于授权，领导者个人的工作效率和效能也一定会受到影响。

4. 领导者授权技能的自测检讨

中国管理干部的日常工作状态是怎样的？一个字：忙！中国企业的领导人常

常以忙碌为光荣，越是高层的领导越是忙忙碌碌。

请领导者来自我检讨一下：我的管理工作忙吗？我们成天都在忙些什么？为什么我们的工作总是忙不完，而且会越来越多？在团队当中是不可或缺的吗？重要吗？离开了我，我的团队就玩不转了吗？为什么会这样？我觉得我的价值就体现在团队和下属必须要充分依赖于我本人吗？这种忙碌的现象会导致工作效率下降，个人会疲惫不堪，应该怎么办？

曾经有很多的学员和领导者常常感慨，每天早上一上班就开始忙忙碌碌，每天都要加班加点，好不容易忙到了晚上七八点钟才下班，站在办公室门口回头一看，今天忙了什么却想不起来了，为什么会导致如此忙碌的现象？时间管理和效能管理理论认为，领导者要提高工作效率，除了制定好目标计划，按照工作的轻重缓急进行排序，其中还有一项重要的管理技能，那就是给下属授权。领导者要敢于、善于把工作任务分配给下属来做，并授予他适当的权力。

可见，从中国历史的经验来看，从中国传统的文化上来看，从领导者日常工作的忙碌现象来看，我们中国人、中国的领导者在授权技能方面，普遍存在着严重的薄弱环节。

二、孔明鞠躬尽瘁的遗憾

请看一个著名的历史案例，三国演义里面的诸葛孔明先生。诸葛亮被中国人誉为是智慧的化身，既聪明又能干，就是这么一个聪明能干的军师和丞相，让蜀国实力大大衰退，最后导致了蜀汉的灭亡。有人评价说：三分天下，蜀汉的兴亡，成也诸葛亮，败也诸葛亮。没有诸葛孔明，没有隆中对，就一定不会有三分天下，不会有蜀汉的兴起。他协助刘备几乎是赤手空拳、白手起家，从北部强大实力的曹操和东部稳定的东吴孙权之间寻找一条狭缝，杀出一条血路，能够成立蜀汉，功劳不可谓不大，百分之七八十的功劳要归于诸葛孔明先生。可是蜀汉的后期也因为孔明先生的独断、专权，不善于培育下属干部和后备人才梯队、没有主抓教育，没有对接班人姜维进行实战锻炼和系统全面的培训，也没有去很好地系统培养创一代的子女后代和其他的接班人，导致诸葛孔明先生死掉以后蜀汉实力大减，最后是“蜀中无大将，廖化作先锋”。

显然，孔明先生在授权方面是有问题的，在六出祁山在五丈原的那段时间，他所培养的接班人姜维，看到他每天要批很多奏章，每天要批示很多民事案件，天天要忙到下半夜。整个蜀汉地区，老百姓犯错需要惩罚打四十棍子这样的小案子，都需要丞相孔明亲自审理。从成都用马车把这些文件送到五丈原，大概需要一个多月，诸葛亮的办公桌上堆积账册和案件宗卷要有一尺高，每天要加班加点，可能还要拖个几天，然后再从五丈原运回成都，来回可能需要三个到六个月以上。有个王小二在一年前偷了人家一只鸡，要被处罚打四十棍子，过了一年以后被官府带过去打四十棍，王小二说："我最近学好了，没有做坏事，为什么要打我？"打他的衙役说："一年前你曾经偷了人家一只鸡，现在丞相批下来了，要挨棍子。"大家不觉得这件事情滑稽又可笑吗？

在《三国演义》的电视连续剧里面，诸葛亮累得吐血，姜维就劝他："丞相，你不要那么辛苦啦。那些打几十棍子的小案件可以放手让地方上的州官衙门去审判执行好了，不会有太大的问题的。如果是要被杀头、非常重大的案件，还是需要丞相亲自过问一下，这种偷鸡摸狗的小案子，要相信他们的能力"。孔明先生说："我不怀疑他们的能力，他们当然也能判好，我只是担心，他们可能不如我尽心尽力，我被先帝临终托孤，必须要尽心尽力、负责到底。"孔明先生打着尽心尽力尽责的旗号和幌子，低层草民打四十棍的小案件也要亲自审批。请问，这样的亲力亲为，这样的鞠躬尽瘁、死而后已，意味着什么？

孔明先生间接导致了蜀汉的灭亡，是因为他犯了两大错误：第一，没有培训一批后备人才；第二，没有进行充分授权。姜维是他用心培养的接班人，他的培养方案也有问题。姜维过去是一个大将，可以独当一面，可是自从被孔明收降以后，主要的工作就变成了参军、参谋长。做参谋长的工作和一个战场主将的工作，工作内容是不一样的。既然姜维要接丞相的位置，他还需要善于管理内务和治理地方。这是作为大将的姜维，过去并没有这方面的经验。按照道理来说，孔明先生第一要尝试着让姜维处理一些地方治理的内务，发生战争时再要让姜维去独立领兵打仗，而不是只靠孔明的锦囊打仗。当然，战争前的运筹帷幄，制定什么样的战略战术，双方可以共同研究做决策，到了中后期就应该让姜维去独立运作，孔明就不要待在前线五丈原亲自指挥了。甚至孔明就应该回成都，或者出去旅游，让姜维尝试着做两回见习丞相，让他尝试着独立领兵打仗或者处理政务，让他多锻炼锻炼，这样才能接得住蜀汉丞相的位置。

请思考，蜀汉里面有没有能干的年轻人呢？难道没有青年才俊吗？有，只是诸葛孔明没有去刻意培养。结果，五虎上将的后代，好像全是富二代、官二代，没有一个能打，包括诸葛亮自己的儿子也不行。假如诸葛孔明成立一个蜀汉大学或者蜀汉黄埔军校，广招川中子弟，成立各种专业：工商、管理、农业、生产、军事、斗争、将官指挥等等，甚至会有一些工程技术，例如他发明的木牛流马等等，不断地去培养年轻人，蜀汉人才辈出，一定会逐步兴旺，达到光复汉室的战略目标。

授权不足是一个管理的大问题，从孔明的鞠躬尽瘁、死而后已来看，我们中国人对待这个成语的看法是褒义词还是贬义词？褒义词。我们企业家、领导者在培养下属的时候也常常会出现授权不足的问题。所以，在中国不善于授权，不善于培训下属，这是我们中国人的管理通病。

三、领导者自我评估：我需要授权吗?

授权技能如此重要，又如此普遍缺失，实际工作中到底是怎么样的呢？那就请大家来自我评估一下：我需要授权吗？有关于授权方面的八个问题，可以检测一下我们的授权状况是怎样的？

第一，我工作中是否百务缠身、经常需要加班？我加班的时间是否超过了正常时间的百分之五十？一年大约有250个工作日，如果你加班次数超过了120天，那说明你的授权可能会有问题。

第二，我是否无暇来考虑组织发展的战略？如果是，就说明你工作过于忙碌，操心了很多琐碎的杂务，没有更多的时间和精力聚焦于思考组织发展的战略，完成领导者的核心职责，达成企业目标和绩效。

第三，我是否相信只有我才能做好这件工作？如果你是团队里不可取代的，只有你才能做好这件工作，别人无法代替，那你一定就会亲力亲为、鞠躬尽瘁，你就一定会忙得团团转。

第四，我是否很难找出可以授权或代办的工作？如果找不出来，这些工作都是需要我亲自做的，那你就希望自己是三头六臂吧。

第五，我是否还能相信别人能够把工作做得很好？被别人不信任，所以导致了不敢放权，不敢把工作派下去。

第六，我是否害怕下属捅娄子，最后还是由我来承担责任？很多领导小心翼翼地掌控一切，是因为不希望下级犯错误、捅娄子，请问如果下级不犯错误，怎么能一步步得到锻炼成长？我们可以在确保下级不会犯非常严重、遭受灭顶之灾错误的前提下，鼓励下属去创新和探索，并允许和包容他们犯错误，放手让下属做尝试。如果犯了一些错误，你可以站在边上随时做一些救助、纠正和辅导，这就叫体验式学习。当然不能让下属肆意妄为，犯下非常严重的错误，要让下属一步一步、循序渐进地来，就好像小孩学走路一样，你要放开手，让他自己走。如果你心疼他摔跤不让他走，那他可能就永远坐着，以后一迈腿就会摔个跟头。如果一摔跟头，父母马上就抱起来：不要学走路了，以后给你买个轮椅坐。为了孩子学步不要摔跟头，我们就不让他走了，准备永远坐轮椅，你看这样可以吗？下属的成长其实就是通过不断犯错，从错误当中来进行体验，来进行学习和成长。犯错误不可怕，永远不犯错、不敢犯错才可怕。不犯错就说明你没有在做事，犯了错误之后就需要不断学习、总结、检讨和提升，这才是我们个人成长的必须途径。俗话说“失败是成功之母”，说的是失败了以后要进行检讨、总结和改进，这才是真正的成功之母。

第七，我不愿意授权，是否因为我害怕失去控制？有些中国企业的领导和老板总喜欢大权在握，财务一支笔、一人说了算，喜欢操控一切、掌控一切，权力欲过分，这样长期下去可能会出现问题，就像孔明一样会后继无人。

第八，我避免授权是因为这样做太浪费时间。如果我们授权给下级，对下级不太放心，下级又不会做，搞不好还会出纰漏、出问题，出了问题还需要我来补救，算了还是我自己把它做了，只要五分钟就可以搞定。其实，这是效率的假象，会给自己埋下授权不足的陷阱和隐患。

麻烦您自我评估一下，如果这八个题目里面，有三道以上的问题回答“是”，就说明您在授权方面做得不太够的，接下来需要加以改善。

四、授权的好处和意义

对下属授权对于领导者有哪些好处和意义呢？

第一，授权可以给领导者带来更多的时间和更多的精力，工作可以游刃有余、精力充沛。在管理的层面减少琐碎、常规和重复性细节工作，可以让领导者有更多的时间和精力专注于处理重要的工作，处理那些核心职责、最有价值、最重要的工作。

第二，授权可以减少工作业务流程上的瓶颈，防止工作在领导者环节产生大量的堆积，导致部门工作被局限，形成瓶颈式积压。授权可以让部门工作和业务流程更加的顺畅。

第三，授权还可以激励员工，让下属员工有一个平台和机会，有独立成长和发展的空间，能够得到更多的锻炼。让下属掌握部分权力，可以完成更多的重要工作和任务，让他们更有成就感，更愿意全身心地投入工作。授权能够调动员工的积极性，激发他们的潜能。

第四，给下级和员工做授权，可以对他们的职业生涯发展和个人成长有帮助。授权员工让他们不断地尝试新工作，解决一些新难题，让他们能够不断地自我挑战和自我发展，也可以替组织、替公司、替部门不断地挖掘人才，去增加下属的自信心，培养管理干部的后备力量。

五、授权是什么不是什么

领导者需要厘清授权的内涵是什么和不是什么。授权是什么？其实就是分权，把工作任务分下去，同时把所需的相应权力也与之一起分配下去。授权不是什么？管理学总结了有六条：授权不是参与；授权不是弃权；授权不是授责；授权不是代理；授权不是助理；授权不是分工。

1. 授权不是说让大家共同来参与和讨论一下，授权不是参与。

2. 授权也不是弃权，说你投赞成票还是反对票，我不投，弃权，权力全部给下属，这是授权过度。

3. 授权不是授责，不是把责任和职责转移到下级那里，上级就不承担相应责任了。授权工作派下去了，配套的权力也派下去了，职责对于公司而言，其实还是我来承担。

4. 授权也不是临时代理。例如，领导我这两天出差去广州开一个星期的会，这一个星期由你来暂时代理，这个还不算授权，只是临时代理和代办。

5. 授权不是助理秘书。助理和秘书有着独立的岗位职责，帮忙打下手的秘书不属于授权。

6. 授权不是分工。更准确地说，它不仅仅是工作任务的分配和委派，更重要的是分权。好像分配的表面是工作任务的分配，其实更核心的是权力的重新分配。就好像分切奶油蛋糕一样，你看到的是在分蛋糕，实际上在蛋糕的上面有一层奶油奶酪，把奶油分切下去的同时，蛋糕也就随之分下去了。

六、授权的二大组成因素

授权最关键的组成因素有两个因素，第一是工作任务本身，第二是权力的分配。两个因素中的关键和重点是哪一个呢？是权力的分配，授权的关键是给下属分权，而不仅仅是分工（分派任务）。分权就是假设上级所拥有的总权力是百分之百，上级保留多少、下级保留多少进行权力分配。在同一个部门里面，领导者有多大权力，下属有多少权力，做上下级的权限分配，它才是授权的真正内涵。

为了让下属能够顺利完成工作，领导者应该授予下属一些相应的权限，让他可以调动适当的人力、物力、财力、预算、技术、信息等等，而且领导者要让下属能够放手使用自己所使用得到的授权，以便能够顺利地完成工作任务，达成团队目标和绩效。这才是授权的真正意义。

当然，授权是管理模式发展的一种高级阶段。传统的管理方式可能是主要权力都集中在集团总部。例如，韩国三星集团，李健熙任总裁时调整了管理策略，进行了授权式的组织结构变革。过去三星财团所有的决策是要归总裁办，集团总裁办有五百多人，所有事业部门里面的大小事务全部都要经过总裁办来决定。后来三星做了一下改革，就是把总裁办的所有决策权力分下去。三星分成了四个子集团，即电子集团、机械集团、化学集团和金融集团。在子集团业务范围内的一般经营决策就交给下面的子集团去做决策，这些决策情况只需要给总裁办进行备案，而比较大型重要的投资决策，就需要总裁办一起共同参与和讨论一下，这样下面的子集团就有了更多的一些决策权力，激发了事业部门的发展活力。

富士康科技（台湾鸿海集团）的管理模式变革也是这样。早期全集团全球业务的决策全部归总裁办统一领导，包括大陆地区很多科技园区的主要决策。后来大家发现买一台电脑、买一个打印机，都需要申请到总部审批，从申请报批到买回来大约需要有六个月，有时候六个月还买不成，这样的管理模式就会开始犯大企业病和恐龙病，那该怎么办呢？后来富士康集团就做了组织结构改革，划分事业群，划分各个园区，把总裁办的权力往下派，下放给事业群和园区。正常经营管理的决策就交给事业群总裁，自己来拍板，拍完板以后把这个决策要报总裁办备案。后来各个园区、各个事业群进行独立核算，经营权力比十几年前要大很多，工作的积极性也大了很多。当然，假如你得到了相应的权力，你就必须要承担起相应的责任，下面各级的领导得到了更多的权力，你所肩负的责任也就越来越大。

三星和富士康这两家公司都进行了组织管理变革，不断地对下属公司进行授权和放权，这种管理变革给我们什么启示？就是授权的价值所在，同时也揭示了管理的内涵和管理的职责。松下说：管理不是做事的方法，而是让别人来做事的艺术。要让大家一起做、共同做，而不是仅仅依靠领导者一个人的孤军奋战。所以，管理就是通过他人、通过团队、通过全体员工来完成工作、达成目标的一种艺术或者一种程序。

第二节　权力下放四层次

一、权力下放的层次

领导者在进行权力下放和分权的过程当中有哪几个层次？管理学把授权分为四种层次。第一层，上级主管保留绝大部分的权力。第二层，下属行动前应征得上级主管的批准。第三层，下属可以自取方法，但需要定期向上级主管报告和备案。第四层，下属可以自由行动，不用经常性向主管汇报。

权力下放的四个层次，具体怎么理解？实际工作中应该如何做呢？

二、一切行动听指挥

第一个层次就是一切行动听指挥，所有的一切行动都需要服从上级领导的指挥和命令，不可以有任何的擅自行动。这就是过去封建皇权专制时代常用的做法，军队的纪律管理也是这样要求的。在这种第一层的情况下，下级是几乎没有任何权力的，下级所有行动的决策，都需要由上级来做决定和指挥，下级永远都只有一件事，那就是服从、执行和倾听。军队里面比较强调这样的纪律和执行文化，因为服从是军人的天职。在警察和军队中，下属的回答只有是或不是（yes或者 no），永远没有其他的问题，不允许问为什么，也不允许问怎么办。只要回答“是”就可以了。

三、先民主后集中

第二个层次是下级开始逐步得到一些权力，但是大部分的权力还是掌握在上级手里。有三类情形：第一，上级下达命令后，下级就必须服从，但是上级在决策下达命令之前，先听一听下级的想法、意见和建议，然后在大家的意见和建议基础上做一个综合判断和决策。第二，下级在采取行动之前需要事先做一些汇报、申请，打申请报告做审批流程，只有上级同意之后下级才可以采取行动。第三，有时候是上级做完决定和决策以后，需要想方设法地向下级推销，要开动员会，或者做思想工作进行说服和动员，只有让下属员工真正理解以后才会有较好的执行力。

所以，在第二层级里面，主要的决策由上级来做，下级得到了一部分少量的权力。上级也愿意听一听下级的意见和建议，然后来做决策，就有一点像民主集中制的机制，先民主后集中，然后再绝对服从。

四、共享权力、共同讨论

第三个层级是下属可以用任何方法完成任务，但要定时向主管报告工作进度，主管随时可以插手工作。上级和下级共享权力甚至是权力均沾。决策通常是由谁来做呢？不是上级或下级的单独一方，而是上下级双方经过共同讨论、共同参与以后共同做出决策。下级得到的权力越来越多，几乎与上级一样多，能够与上级平起平坐。双方共同讨论设定目标，然后下级可以自取方法采取行动，只需要定期地向主管汇报。上级在正常情况下不去干扰和干涉下级的行动，只有在下级有需要提出求助请求时才提供协助，或者下级严重偏离正确方向而浑然不知时才进行预警和提出忠告。这种方式有点像项目小组、自治团队或西式的民主，权力均分、充分商量、共同参与和相互牵制，特点是兼顾到各方权力分享和充分讨论，比较注重公平，但行动效率比较慢，内部制衡导致扯皮现象，容易错过重大时机。

五、甩手掌柜、充分授权

第四个层级是给予下属全部权力，自己退居幕后，放手让下属完成工作。下级几乎可以自由行动，不用经常向上级报告。谁来做决定？下级做决策，那上级呢？做完决策以后报上级备案，上级不用审批，即不用审核和批准，只是给上级来备案。这有点像君主立宪制度，就好像很多国家有国王，但是政府的真正执政权力不在国王，国王只是国家的象征，国王是不换届的，国王把治理国家的执政权力主要的交给首相，由首相来组阁政府，即首相负责制，例如日本的首相像走马灯一样换个不停，可是日本的天皇是不换的。如果国家经营不善、经济发展低迷，那就是政府有过错、首相有问题，就换首相，类似日本和泰国一样的君主立宪制度。总之，下级得到的权力越来越大。

企业创业之初常常使用第一和第二层次的放权方式，当企业成长发展到一定阶段，逐渐接近参与式管理时，上级通常会采用第三、第四层次较多的放权程度。采取哪一个层次的授权方式需要与企业发展的阶段相结合。

第三节　领导者不愿授权的原因

一、领导者不愿意授权的原因

领导者不愿意对下级授权有哪些原因？主要有四个方面：一是领导者缺乏信心；二是害怕挑战；三是害怕失去控制；四是很多效率的假象，导致管理干部不舍得、不愿意授权。

第一，缺乏信心：存疑于下属的能力，缺乏必要的教导。我们担心下属的能力不够，可能完不成任务，会出纰漏。

第二，害怕挑战：不愿意给平台、给机会让下级表现得很好，可能会取代自己，造成威胁。如果下属有技术方面的专长，把技术工作分配给他们做，这应该是一件好事情，有利于下属个人发展、团队发展和上级的个人或者效率。主管的职责是管理，发挥团队所有人的专长，而不是自己亲自操作、孤军奋战。同时也要小心上级去做自己最擅长、最喜欢的工作，往往这些工作可能会偏离领导者的核心职责。

第三，失去控制：有些领导者喜欢操控一切、掌握一切，所有的事情、事无巨细都要亲自过问，所有的一切都要掌握在自己的手中。习惯于自己全面、清楚、准确地随时答复上级的查询，习惯了对每一个工作、每一件事情的进度都要了如指掌，我们习惯了掌控全局，掌握每一件事情的每一个细节，这样的领导者一定是很累的，建议可利用报告、数据、表单、讨论等掌握每一事情的进展。

第四，效率假象：自己完成会更快，不愿意教导下属，或者教导下属掌握新技能会浪费时间，其实教导下属之后自己可以空出更多的时间。

二、授权的障碍分析

专家对授权障碍做过分析，发现授权的障碍有：

1. 不愿授权
2. 权力主义者
3. 不够条理
4. 担心失去控制

5. 自己不容代替

6. 不喜欢下属超越

7. 不接受异己

8. 工作主义倾向

9. 不信任别人

10. 技术专家心态

11. 授权太滥

12. 自己做会更快

例如，授权障碍之一权力主义者。很多力量型的领导者通常都是权力主义者，权力跟金钱一样，人人都会喜欢，所以抓住了权力轻易就不放，很容易会导致权力主义者。领导者权力主义的倾向要防止，因为不利于集体决策，也不利于整个组织健康良好的发展。

三、防止工作主义和专家型陷阱

有很多领导者是工作主义倾向。有一些人是工作狂，把工作当成生活，把生活跟工作混为一谈，搞不清楚是在生活还是在工作。这是真正的以厂为家，以工作为乐趣为生活的，这可能是一部分领导者的境界，就是从工作当中得到快乐。可是领导者仍然要很清晰地去区分，哪些工作是该我做的，哪些工作是应该下级来做的。

工作主义有一种可能是，领导者就喜欢做工作，没有工作就会心里发慌，于是就找来各种各样的工作，沉浸在工作当中，就会自得其乐。可是有一部分工作不该领导者做，应该是交给下级来做的，慢慢地就会养成这样不良的工作习惯。当然，技术专家型领导者就喜欢做自己最擅长的，能够显示出自己技术权威的工作，容易陷入专家型陷阱。

所以，领导者的角色要做转变，不可以继续去扮演过去的业务骨干、业务能手、技术专家的角色和形象，一定要转变过来，变成一个合格的领导者，需要从技术高手、业务能手要转变成管理高手。

四、朱元璋好心办坏事

与授权不足相反的极端现象就是授权太烂。大部分领导者是不够授权，不舍得把权力放下去，极少数领导者是不该授权的也授权，是授权过度或授权太烂。

举例，明朝的开国皇帝朱元璋在胡惟庸案之后，发现中书省宰相的权力太大，分割皇家和皇帝的绝对权力，因为六部的奏章先经过中书省过滤后，最重要的奏章才呈给皇帝决断。这样宰相几乎是与皇上平分天下，很多奏章被拦截在中书省，皇上可能被蒙蔽，朱元璋认为这是有问题的，于是他就砍掉中书省的宰相，让六部直接面对皇帝。把宰相这个过渡的中间环节拿掉了，那么六部的奏章就直接送给皇帝，皇帝就需要亲自审批。朱元璋是穷苦孩子出身，工作也一直是兢兢业业，每一天批阅奏章要到下半夜，真的是了不起，堪称是皇帝的先进工作者。第二天早晨天刚刚蒙蒙亮就要上朝，朝堂之上还要去处理答复很多军政大事。

朱元璋的这个“改革”举动给明朝后期的灭亡埋下了一部分的隐患。他忘记他的皇子皇孙后代们是不是也会像他这样工作认真、兢兢业业。朱元璋别名朱重八，小时候是叫花子、穷苦人家出身，他当然会很勤奋很努力，可是他的皇二代呢？皇三代、四代呢？后面的明朝皇上因为没有宰相，皇上不但要做好皇帝的工作，而且还要做好过去的宰相做的工作，过去中书省宰相做的这些工作就全部压到了皇帝的身上，所以这些王子王孙们，每天回去批奏章也要批阅到下半夜，每天都要加班加点何苦来呀！这个皇帝当得一点乐趣也没有。可是每天一尺多高六部的奏章呈给皇上捧到后宫，皇上又很贪玩，本来就是皇三代皇四代那怎么办呢？皇上也很聪明，就把宫女和太监们叫来，一人发一只朱笔，红颜色沾红墨水的那种皇上专用的朱笔，就让宫女和太监把奏章一人就分一垛子，用朱笔去批吧！很多宫女和太监不识字、没有文化，不晓得这个奏折该不该批、怎么批，皇上说简单，回去看字写得好看就画个圈同意，不好看就画个✖。结果这些奏章批得不伦不类，六部的大臣在第二天朝会上一看，该批的不批，不该批的乱批，好像是瞎批又不敢多问，皇上可是金口玉言，不能问，于是朝政就开始混乱，大臣们开始议论纷纷。

后来有一个小太监终于崛起了，这个小太监进宫之前在老家读过几年书，有点聪明伶俐。所以，他批的奏章相对比较靠谱，大臣们就比较喜欢，后来宫女和太监们慢慢地都不批了，就全部都给这个小太监代替皇上批阅，这个小太监慢慢地成长起来了，后来就权倾朝野，到处都是他的党羽，这个太监的名字叫魏忠贤，史上称之叫阉党。

朱元璋老人家如果知道因为他砍掉中书省，砍掉宰相负责制，让皇帝自己来亲自面对六部，最后会导致魏忠贤这样的阉党蛮横一时、独霸朝野，我想朱元璋在九泉之下也不会瞑目的。这就是管理学上授权的分类，该授权的部分要授，不该授权的部分不能授。由太监批阅奏章这就是典型的授权太烂，皇上把批阅奏章的权力授权给太监宫女，这显然是有问题的。还不如交给由宰相和翰林士，因为中书省的宰相和大学士、翰林士都是才高八斗，最起码都是状元出身的，他们批阅奏章，起码是有一定的责任感和使命感的，他是有大学问和治政方略的，这些工作他是基本能够胜任的，是不太容易搞错的，而宫女和太监就不是这样，只是皇帝的生活助手，陪皇帝乐而已，这也是历朝历代比较忌讳的“后宫干政”。

所以，授权太烂，不该授的乱授，可能也会带来很多管理上的问题。

五、案例分析——下属的工作效率很低

1. 管理情境

王先生是一个部门的主管，他发现某下属的工作效率很低，不及他亲力亲为的一半，而且他发现下属的工作方法也很不理想。而且对自己可能还不是很忠诚，所以王先生就尽量避免分配那些他认为很重要的任务给下属，该下属对王主管的这种做法可能会有什么样的看法？后续可能会采取哪些相应行动？作为主管的王先生应该如何来解决这样的一个问题。

你有没有碰到过这样的上级？你的上级把你晾在一边，不派重要的工作给你，让你做一些琐碎的杂务，凡是有价值、重要、涉及核心技术的从来不让你碰。你会怎么想？可能会想：领导在给我穿小鞋，不给我锻炼的机会，不肯培养我，还认为我这个下属的工作效率很低。其实，员工的工作效率低有两层意思，第一是员工会不会做、有没有作业技能；第二是如果有技能的话，愿不愿意做，他是否有工作意愿。

2. 应对思路策略

领导者首先需要分析下属的实际情况：工作意愿可能不够；方法也不理想；有好的方法可能也不愿意去做；也有可能下级与上级之间有一些人际关系的冲突。

上下级之间有了人际冲突以后下级就会认为上级领导不重视、不培养他，给他穿小鞋，会有什么后果？长此以往这个下级很有可能会跳槽、离职，离职的趋向非常大。所谓“此处不留爷自有留爷处，到处不留爷爷干个体户”，天底下难道没有容身之处吗？所以“武大郎开店高个子不要进来”，这样的部门怎么会有很好的发展？

关于下属忠诚的问题。王先生作为主管他本身就有一个概念的错误，下级讲

究团队协作、需要配合上级的领导，是不是每个领导、每一个干部都要求下属员工都要对自己个人要绝对忠诚。上级领导者难道是黑社会、帮会、军阀吗？需要每一个下属都对上级个人忠诚吗？那领导者就变成了小山头和一亩三分地，在拉山头、搞帮派。员工讲忠诚，也是对组织、对企业、对企业战略要忠诚。员工对组织忠诚，对企业的战略忠诚，不一定等同于对某个上级主管的忠诚。我们要求每一个下属员工要对事业忠诚，对组织忠诚，对企业文化、企业精神忠诚，而不是要对我个人忠诚，小心！我们的下级不是看家狗，也不是奴才。所以这些错误的观点要把它调整过来。

3. 具体措施

领导者在分配工作任务的时候，如果跟下属的职位相关，他也具备这样的能力，或者即使没有这样的能力可以进行适当的培训和锻炼成长，我们可以把重要的任务适当地去分配一部分给他，具体情况具体分析。

因此，我们建议这位王主管需要不断地进行自我检讨，分析下级的工作效率是技能的问题还是意愿的问题？不及我亲力亲为的一半是不是我本人也有问题？没有去充分授权，没有去对下属做教育训练，有一些方法是不是还需要提供一些工作教导和情绪辅导的问题？同时，分阶段、逐步地把重要的工作分配给下级。同时，在业余时间私下地进行适当沟通，建立一些私人感情，能够把这个下属留在公司，发挥出他的独特作用，能够人尽其才，不断地提升下属的自我工作价值。

第四节　何种工作能授权

一、哪些工作可以授权？

授权的工作如此之重要，如何很好地避免这些授权的障碍？哪些工作可以授权？哪些人可以授权呢？授权的工作到底应该怎么做呢？首先，我们来看一下哪一些工作可以授权。

1. 衡量工作的风险程度。风险有多大，责任有多重，所需要的权力有多大。如果这件工作的风险程度大，责任比较重，所需要的权力很大，那就一定要小心，尽量不要授权。风险越大，授权的可能性就越小。相反，风险越小，责任越小，所需要的权力越少，那就越趋向于尽量授权。

举例：①编制下一个年度或者半年度的财务预算，你觉得这种授权的可能性大不大？尽量不要授权，不可以授权，因为重要性程度大。②采购少批量的特需供产品，这个工作可不可以授权？当然就可以。因为需要的责任和权力比较小一些。

2. 区别任务的常规、频率和性质的不同。事情发生的常规性、发生的频率不一样，授权的程度也不一样。大部分常规的、重复的、琐碎的工作和杂务都比较适合授权。如日常工作、辅导的杂务、下属的专长（他有特别专业的技术）等等，这些工作要把它交下去，如填写报表、统计数据等等。相反，另外的一些工作，涉及管理的核心职责，如计划、组织、人事、领导、控制、审核等，这些关系到制度、法规、考核、奖罚等等的工作就尽量不要授权。所以，制定办事规则、人事关系、工作危机、工作考核、职务升迁以及涉及关键的核心技术和核心机密等等，这些工作一定要小心授权。

3. 工作的不同分类，对于授权的关系和影响也是不一样的。工作的不同分类，对于授权的程度和类别也是不同的，我们按照工作风险及责任的高和低，发生频率的常规和非常规，把授权的程度等级划分为四个区域。

工作分类

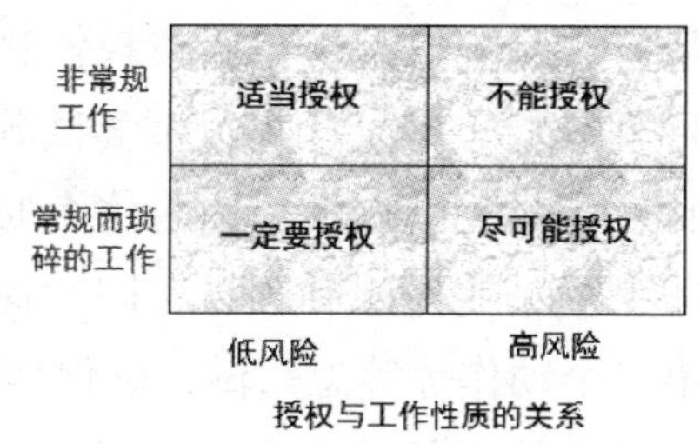

图 6–1

第一个区域是低风险、常规而琐碎的工作，是一定要授权的。

第二个区域是高风险、常规而琐碎的工作，是尽可能授权。

第三个区域是低风险、非常规的工作，我们可以适当授权。

第四个区域是高风险、非常规的工作，是不能授权，尽可能地不要授权。

按照可以授权和授权的可能性进行排序，第一个是低风险、常规，必须授权，第二个是高风险、常规，尽量授权，第三个是低风险、非常规，适当授权，第四个是高风险、非常规，不能授权。

二、航空公司的案例说明

1. 案例情境

假如一个航空公司的飞行员机长带领从航校的骨干毕业的实习飞行员到航班上进行实习。有一天，从机场起飞了以后，机长一看万里无云、晴空万里，气象条件非常好。于是机长就吩咐实习飞行员："来，实习生，你来试一下。"实习生接过驾驶权之后就开始驾驶飞机，飞得不错，非常的平稳，机长就很高兴地赞扬道"不错！成长进步得很快哦。"十几分钟之后，飞机进入到一个厚的云层，碰到了强烈的气流，机身发生了强烈的颠簸，客舱里面有几个旅客发出了"哇"的尖叫声。此时飞机遇到了厚云层和强气流，开始发生颠簸，有失去平衡的可能，请问作为机长，此时要不要收回飞机的驾驶权呢？

2. 分析是否该授权？

请来分析这种状况下的风险是高还是低？显然风险是比较高的，碰到了强气流，影响到飞机的平衡，属于高风险。请问飞机飞越厚云层，碰到气流发生颠簸的现象，是否属于常规？应该比较常规，民航飞机三天两头会发生。如果从北京飞到深圳的两三个小时的飞行过程，有没有可能会碰到强烈的气流？有没有可能会遇到厚云层？完全有可能。

此时的工作特性是高风险、常规。是否需要授权？答案是尽可能授权。建议机长这个时候尽量不要收回驾驶权，尽量让实习生尝试着单独飞。当然，机长不是完全放弃、不闻不问，让实习生完全操控。因为这个时候，飞机还处在一定的风险之中，机长需要对实习生做一些安慰和辅导，同时提示、提醒他接下来应该要怎么做？第一个动作、第二个动作等等怎么做，确保他能够准确执行操作。

这次正好是让实习飞行员锻炼成长的机会，否则这个实习生飞行员将来做了飞行员、机长之后，等他驾驶的飞机起飞之后，还要替他把天上的云扫干净之后再让他飞呢？穿过厚云层这是实习飞行员应该要掌握的基本飞行技能，所以这个工作要尽可能授权。当然，机长需要去安慰他，"实习生，不要紧张。我们航班正在飞越厚云层，碰到强烈的气流，发生一些颠簸，这是我们民航飞行的家常便饭，不用太紧张。先控制机身的平稳，同时打开广播，跟机舱内的旅客来稍微安慰一下。"

机长打开广播："各位旅客，我们飞机刚刚遇到一个强烈的气流，飞机发生了一些颠簸，请大家回到座位上，系好安全带，暂时取消餐食服务，谢谢大家的配合。"机长的广播安抚一下大家的情绪是非常需要的，也是有效的。所以，这种情况下要尽可能授权。现在实习生在机长的辅导和支持下，正在继续飞行，情绪很镇定，飞行状况也很稳定。

3. 紧急突变如何应对?

过了十几分钟之后，指挥中心传来一个紧急消息：最新的台风中心有所转移，突然转移到前方航线的正前方，而且还伴有雷电交加，为安全起见建议本次航班选择就近的机场进行紧急迫降，后续行动等待通知。请问，碰到这样的一个情形之下实习生的飞行驾驶权，机长是否需要收回?

首先，判断一下风险高还是低?高风险，比刚才那个厚云层气流的风险更高了，航线的前方居然是台风的新中心。第二，常规不常规?熟悉民航飞行的都知道，如果有雷电、有台风中心的话，通常飞机是不会起飞的。但是如果是已经起飞、在天上飞行中的飞机，也需要躲避移动中的台风中心。这样的事情是非常规的，千年难得一回。那怎么办?选择附近的机场紧急迫降，实习生很可能还不熟悉，陌生的机场要紧急迫降，它的风险非常非常的大，所以建议机长收回驾驶权，不能授权。

此时实习生应该做什么呢?做观察、记录，回去以后再消化掌握。“实习生，现在驾驶权归我啦，千载难逢学习的机会终于来了，拿出本子来做记录，心里不断地去默念，我现在先讲操作的动作标准，然后我再做具体操作，你要把过程步骤详细记下来。”这个实习生万一在他以后的飞行生涯当中，如果碰到这样的类似情况，应该如何做呢?这样就给他增加了一次人生难得的经验。所以，按照工作的风险高低和常规非常规来进行授权操作，是有一定的讲究的。

三、哪些工作可以或不可以授权?

小结一下，哪些工作可以授权?哪些工作不可以授权呢?

（一）如下工作是可以被授权的：

（1）日常工作和活动；

（2）需要技术能力去解决的问题；

（3）某些特定领域内的决定；

（4）监管某一个项目；

（5）收集事实和资料；

（6）准备报告；

（7）以代表的身份出席会议。

（二）哪些工作是不可以被授权的呢?

（1）计划。

（2）人事问题，比如保持士气或者考核奖惩。

（3）解决部门内部的冲突。

（4）发展和培养下属。

（5）在部门中维护纪律和规章制度。

（6）任务的最终职责和核心指责。

（7）没有合适的下级能够承担的工作。

所以，哪些工作不能授权，哪些工作可以被授权，这是非常严格的。

（三）案例：中层经理给下属授权

我们来分析一个案例：张先生是一家大型公司的业务经理，他正在处理一些工作，请讨论这些工作的可授权性：

（1）整理部门文件档案。可不可以授权？可以。

（2）部门改组的决定方案。建议方案是可以的，决定方案不可以。

（3）设计一封通知信给每一位顾客。可以授权。

（4）组织圣诞展销会。可以授权。

（5）每个月的部门工作报告。不可以授权。

所以，如果是领导者的核心和主要职责的工作，就尽量不要授权。其他日常的、琐碎的、常规的、非重要的、次要的工作任务，就尽量授权给下属。

第五节　授权的基本流程

一、授权的四步流程

领导者的授权工作应该如何来做呢？授权有一个基本的流程，可以分为四个步骤。第一订定任务，第二选贤任能，第三落实分工，第四跟进完成。

第一步就是选择合适授权的任务，哪些工作可以授权，加以甄别和筛选。

第二步是选择合适的人，把工作任务授权给他。如果“所托非人”，授权对象不合适，就会给工作的最终完成带来问题，所以需要选贤任能，选择合适的人，再把合适的工作分配给他。

第三步是落实分工，就是领导者与下属进行面对面授权的沟通过程，把工作任务和相应的资源派给他，做工作布置、标准要求和细节交代。

第四步，最后授权交代完成以后，还要不断地去跟进控制，进行观察和纠偏，一直到这个任务最终完成。

（一）第一步：订定任务

授权工作需要做好充分准备，第一步就是订定任务，需要拟定一个完整的授权计划和任务清单。授权之前需要把这个授权任务确定工作目标，把目标描述得非常的清晰、明确、具体，符合工作目标设定的五原则——SMART 原则，即明确具体、可衡量量化、务实可行、行动导向、时间限期。

授权准备阶段，除了设定工作目标之外，还需要对整个工作计划、进度、准则、重点、资源、权限范围，以及最容易犯的陷阱、错误，以及发生偏差时需要采取的应急方案等等，这些都是订定任务的内容。领导者在授权之前需要有一个完整的授权规划和方案，先把授权的目标任务和衡量标准详细地列出来，再选择合适的人（授权对象）把授权任务交给他。

（二）第二步：选贤任能

1. 可以授权的三类人

领导者选择授权对象时，把可以委派和授权的人分成三类，主要评判他的工作经验。第一种，非常有工作经验，经验很丰富，就直接交给他做。第二种，颇有工作经验，但信心可能有些欠缺，有经验、有能力但信心没有，怎么样？需要鼓励他、支持他，把任务交给他。第三种，没有经验、没有能力但是有潜质，那怎么办？看看是否可以培训，锻炼成长之后逐步加以授权。领导者对该下属进行培训、训练、教导和培养，同时提供充足的支持和适当的监督，来共同把这个授权任务完成好。

领导者针对很有经验、有一部分经验或者没有经验但有潜质这三类人，在采取授权之后，还要有不同程度的后续支持。当然，这三类人之中，最好的授权对象是有经验又能够胜任的。如果是颇有经验或者很有潜质的人，那就把一些风险比较低的常规性工作，比如说日常报告、整理部门档案、数据资料收集等等，这些任务交给他。那么经验很丰富的，比如说展销会工作，他经常做的，我们就可以完全交给他。所以，按照授权对象的经验高低和潜质，可挖掘的潜力不同，对人员可以做一些分类，区别对待。

2. 选择人员的考虑因素

当然，我们选择人员的时候，需要考虑以下多重的因素：

第一，他的工作范围和职责与将要授权的工作任务有没有相关的地方？最害怕就是他的职责是A，你派给他的任务却是B，结果是八竿子打不着的，那可能就会有问题。最佳的方式是，授权给他的任务跟他的核心职责有紧密相关性，有一定的交集，这是最好的。

第二，他本人有没有兴趣、有没有热情去做这些事情？他对这件工作感兴趣吗？如果他感兴趣，他当然就有可能会认真地去做，如果他不感兴趣、没有热情，那这件工作可能在后期就会有大麻烦，因为是你领导强压给他的，你要了解一下，他的兴趣、热爱和痴迷的领域，他对这些工作本身是不是有热情。

第三，这件工作交给下属去做，对他未来的职业生涯发展和个人生涯发展有没有帮助？如果有帮助，那就要告诉他、推动他。所以，授权给下级做这件工作，不仅仅是帮助上级、公司和组织来完成目标和绩效，同时也能够帮助到下属本人，能够实现他的个人价值、个人目标，达成他个人的理想。最好是有一个结合点。对他未来的职业发展有所帮助。

第四，他有没有负荷超重，有没有更多的时间和精力来做这件事？很多领导者在分配工作任务时常常会出现“鞭打快牛，能者多劳”的现象。高效率、积极努力工作的员工，迅速地完成了工作任务之后，所得来的回报并不是更高的收入，而可能是更多的工作。大家不觉得这是对积极员工的不公平吗？常常有一些优秀的骨干员工任劳任怨、积极努力、主动积极、高效快速地完成工作任务，结果是其积极性常常被打击、被伤害。所以，领导者需要进行检讨：这位下属有时间精力、有适当的负荷吗？不要鞭打快牛，不要把很多的一些工作任务都压在优秀骨干的一个人身上，这样可能会导致这些骨干员工心生怨恨，领导者应该分配适当的工作任务给他，不能过量或严重超负荷。或者，如果被授权的下属多完成了重要工作，超额完成了工作指标，那后续的分配、收入、晋升和奖励等，就需要与之相匹配，不能让积极分子、勤奋付出者明显吃亏。

因此，授权对象完成了一项工作任务，得到了一些权限，后面就需要有一定的利益与之相匹配。如果授权绩效达成与利益、价值、奖励之间不匹配，请你千万要小心，这种授权下去可能会有很多的问题，授权目标未必会按时达成。

第五，选择人员的其他因素。当然，领导者在选择授权人选的时候，可能还需要考虑其他的原因和因素，授权对象的知识结构、个人能力、个性风格和工作效率等等。例如，他有没有胜任的能力？他对这个项目有没有一定的号召性？他对周边相关的技术、知识、理论、方法、技能等等是不是有足够的了解？还需要了解他的性格、个性、脾气以及他的做事风格和工作效率，其工作作风是属于开拓型、服务型的，还是属于沟通型、技术严谨型？所以，领导者要把合适的工作分配给合适的人，做到人尽其才、能位匹配。要多多地衡量、反复地权衡，这一件工作任务进行授权，选择这个人是不是非常充分地匹配？如果不匹配，就有可能会留下后续的隐患。

授权流程是选择好了可以授权的工作，而且也选择好了适当的与之相匹配的人员对象，接下来的第三步就是进行落实和分工。

（三）第三步：落实分工

1. 落实分工的五步骤

授权的落实和分工应该要怎么做呢？具体有如下五个步骤：

第一，陈述背景。领导者向下属说明该授权工作的基本背景、重要性、价值和对公司的利益，以及选择他的主要和根本原因，这是领导、组织和公司对他的充分信任，对他的欣赏和肯定，强调他有哪些方面的特长可以为公司做哪些方面的贡献。

第二，评述工作。讲清楚该项工作任务的工作范围、预期的进度、要求达到的绩效水平、他所拥有的相应资源和权力权限，以及征询他的个人意见，进行一些必要的交流沟通，最后能够取得他的绩效承诺。关于授权的这项工作任务本身，领导者需要进行一个详细、具体、清晰的描述。

第三，承诺支持。向下级承诺我们所提供的支持和指导，给他打气、壮胆，给予他足够的信心，有利于顺利开展工作。

第四，商讨计划。与下级商讨、调整或重新拟定工作计划进度，商讨具体的工作方法，制定工作进度和计划，商定进行部门之间的工作沟通，制定意外发生时的纠正措施，定期检讨里程碑的方案和机制，定期沟通、汇报和交流的渠道、形式等等。

第五，通知各方。领导者需要通知各方，即所有跟这件工作相关的人员和部门，使下属能够名正言顺，可以充分利用权限去开展工作。

2. 授权的名正言顺

下属被授权某项工作，就需要昭告天下、名正言顺，尤其是中国社会很讲究这一点，需要名正言顺。授权之后，领导者要在公司专门的公开会议上进行宣布，或者举行一个专门的仪式，对下属进行一项授权任命，或者说对大家做一个说明，最好是能够有一个书面通知或者有一个公司的红头文件和公示。公司文件或展示板上进行公示：最近某一项工作由谁来负责，哪些人进行参与和辅助，相关的其他部门应该怎么配合，否则，上级有心把这个工作交下去，下属他也有这个能力，但是常常因为没有公示和公开，影响了授权的达成。有些部门的人员可能会反弹说：你为什么要去管这件事？这个又不是你的职责，你也没有权限，为什么要多管我们部门的事情？这样就有可能会带来很多人际间和部门之间的抵触或者冲突，可见给授权下属进行公示和立威是多么的重要，名不正则言不顺。

（四）第四步：跟进完成

授权的最后一步是跟进完成与控制。授权之后，上级需要保持适当的跟进和追踪，以确保按期完成工作。上级需要视下属的成熟程度、经验程度和授权程度，与下属保持适当的联系沟通，定期进行检讨工作进度，需要建立工作进度的检查点和检查清单，建立里程碑计划定期检讨，同时要商讨可能的突发事件或者危机的应对措施。领导者进行有效的跟进和控制，需要建立在上下级坦诚的沟通之上，需要在设定授权计划的时候，就要设立好检查点和跟进措施，同时需要明确：跟进并不是对下级不放心或者不信任，而是整个工作中的必要程序。

当发生意外情况和突发事件时，上级应该积极、客观地应对类似问题，而不仅仅是追究责任、进行惩罚。甚至有的时候会发生一些严重状况，上级可能会与下级一起共同承担责任，共同分析和解决授权工作的疑难问题。

当然，领导者下放权力、进行授权了以后，就不要再越俎代庖、事事操心，总是放心不下，时时刻刻想要去观察、去监控一切。除了被授权的下属主动请求上级来进行协助，上级才会出手去帮助他。而且，领导者时常要做一些观察，只有在下属十分有需要时，我们才去帮助他，不要主动地去提供协助，不要去打击他的信心和士气。上级授权了却不放心，委派了却又事事都管，这样会产生很多的问题。长此以往，下次授权时员工就不敢去接这些授权任务。

很重要的一点要强调的是，如果下级的目标任务达成以后，上级要真诚地公开表扬，要按照原先约定好的职、责、权、利、罚五要素进行兑现，该表扬、肯定、鼓励和利益挂钩的，就一定要去及时兑现，信守承诺，奖罚兑现。

二、反授权现象——“问题猴子”

在领导者的授权工作当中，最容易出现的异常就是反授权现象。本来上级是给下级来授权工作的，可是实际工作当中，常常会发生下级给上级布置工作——反授权现象，“问题猴子”就是这样的现象。下级的工作任务很棘手，就像一只问题猴子趴在他的肩上，于是下级就把这个工作任务设法转交给上级，这只问题猴子一不小心就会要爬到了上级的肩上，变成了反授权。所以请记住，上级不要主动给下级提供协助，例如：不要主动替他起草稿，不要去帮他收集资料，不要去替下级做提议。除非下级呼救、主动寻求支持和帮助，否则上级就不要去主动帮助他。对他授权了，就要去充分信任他，所谓“疑人不用，用人不疑”。

历史上曹操与刘备的授权水准是不一样的，刘备的授权艺术显然高于曹操。曹操生性多疑，授权时把任务和权力分下去，可是又不放心，需要事无巨细、早请示晚汇报。这样的授权工作是不可以的，下属的手脚被捆绑了。相比之下，授权做得比较好的是刘备对诸葛孔明。刘备给孔明先生授权：孔明先生，军队交给你了，你就回去放开手脚去干吧！你做任何的军事决策不用向我汇报，为什么？因为我也不懂，汇报了我都会同意的，反而还耽搁了时间、延误了战机。我只要一个，那就是捷报。我只要你打胜仗，其他的你自己看着办，要粮要草有人要部队，你提条件、开清单给我，我通通都满足你，最后只要一条结果，就是胜利的结果。诸葛孔明先生很有智慧、很能干，在刘备的充分授权之下，发挥了他的聪明才智，成为三国时期非常优秀的著名经理人。而在曹操那里，也有很多优秀的谋臣和谋士，不见得比诸葛孔明差很多，但是发挥出来的价值却远远不如孔明先生。孔明先生成了文人和知识分子的偶像，成了一颗三国时代璀璨的星星，这个跟刘备的充分授权是分不开的。

所以，上级领导对授权的态度是非常重要的。只有正确的态度才能够得到下属的支持。上级应该要尽量放手，显示出对下属的信任，愿意去支持他、协助他，当然还需要取得他的结果承诺，最好是有授权的书面计划和方案等等，这样才能确保授权任务的按时完成。

第六节　工作案例练习

接下来我们来做两个案例练习。

一、人事经理的工作是否可以授权?

1. 出席主管部门召开的人事经理会议。可以授权吗？通常不可以。

2. 对新进员工进行面试。可以授权吗？可以。

3. 制定部门的年度工作计划。可以吗？不可以。

4. 年度考核本部门员工。可以授权吗？不可以。

5. 制定公司薪酬方案。不可以授权。因为薪酬方案是很敏感的，拟定初期是需要小心保密的。

6. 给下属的出差报销审批。如果是全预算制就可以，不是全预算的就要小心，要视不同情形而定。

7. 给新进的员工做一个专题培训。可以授权。看看是不是还有这个方面课程的老师和其他的领导。

8. 处理本部门的下级员工被投诉。本部门员工被投诉不可以授权。需要亲自处理，因为你是部门的主管。

9. 公司中层干部培训班内容的安排。可以授权，但是需要加以指导、控制和审查，最后还要来进行审批。

10. 为总经理起草一个讲话稿。可以授权吗？可以授权，但是要严加控制。

11. 签发下属违纪处罚的决定。签发当然不可以授权。

12. 统计公司人员流动报表。可以授权。

13. 决定购买公司的人力资源管理软件。建议可以授权，但决定不可以。

14. 修订公司管理的规章制度。不可以授权。涉及公司规章、人力资源、人事行政、绩效考核等等，这些都不可以授权。

二、自我检测：哪些工作是可以授权的呢？

第一，这项工作跟我的主要目标紧密相关吗？如果不是就可以授权。如果是就要小心，不要授权或者小心谨慎地授权。

第二，我这件工作可以交给别人完成吗？其一，如果我的下属可以做得很好，当然就可以授权。这样我个人的生产力就可以得到延伸，时间和精力也可以得到很好的控制，我就可以去有更多的时间去做更重要的工作。其二，如果下属做得不是那么很好，该怎么办呢？是不是可以培训下属？是不是可以一边授权一边辅导，给下属一个机会让他锻炼成长，这样过一个阶段以后，遇到类似这样的工作就可以授权给他去做了。

第三，这件工作能够帮助下属个人成长吗？如果能够帮助他个人价值的提升和成长，有利于他的职业生涯发展，那就应该授权，充分地去进行授权。因为这样既帮助了下级发展，又完成了团队的目标任务，大家又都得到了锻炼和提高，这就叫一举多得。

第四，这件工作是否会重复出现，是否属于常规？如果是常规，就应该尽可能去授权。如果是不常规，千年难得一回，那就不一定。

第五，这件工作是不是上级领导最感兴趣、最喜欢的工作？如果是上级领导最感兴趣、最喜欢、最擅长做的工作，那对团队发展往往是有危害的。因为上级领导容易掉进这样的专业陷阱，忘记了应该把这些工作逐步授权给下属去做。领导应该做自己该做的事，最核心、最重要、有价值的事情，而不是他感兴趣和擅长的事情。

三、授权工作应该授权给谁?

请思考：可以授权的这些工作应该授权给谁呢？

第一，这个部属他能不能胜任？如果能胜任当然好，如果不能胜任就需要逐步、分阶段地去培训他，把授权任务进行切段，由低向高地逐步授权。

第二，该部属的时间、精力和任务饱满吗？还有剩余精力去完成该任务吗？千万不要鞭打快牛，要给他一个成长的机会和过程，要给他适当的负荷，而且工作任务分配也需要尽可能的公平。

第三，该部属对这项工作有自信吗？有热情吗？如果有自信有热情当然好，如果没有，就需要给予他更多的信任，给予更多的支持和辅导。

第七章　高效团队的建设

第一节　团队内涵与要素

团队协作精神在团队管理中起到了非常重要的作用。过去中国人在国际上被西方人蓄意打击，被否定、挖苦、嘲讽得最多的就是：中国人缺乏团队精神，被称为“一盘散沙的中国人”。中国人的确有较大的内部争斗和内耗现象，但如果领导强悍给力或者碰到外力压迫，也能够团结一致，爆发出惊人的团队力量。值得骄傲的是，中国人骨子里的大一统思想和对中华文化的潜在认同感，也常常焕发出外人看不动的团结力量。可见，论起全球各民族的特点，中国人的团队精神还算是比较不错的，保障延续了五千多年的中华文明。

一、“一盘散沙”的中国人

革命先驱者孙文孙中山先生，为了激发中国人的斗志，检讨清末的中国人，称之为一盘散沙。也有不少人大发感慨，评论说：一个中国人是一条龙，一群中国人就是一堆虫，中国人团队之间的相互协作彼此做得不够。没错，我们中国人个人之间的相互配合，的确是有一些小的缺陷，内部协同有问题。可是我们也不得不承认，要看在谁的领导下，如果有一个好的强势领导，在一个优秀的组织里面，我们普通的中国人一样可以形成强有力的团队，一样可以军民团结如一人。例如革命时期的红军、八路军、志愿军，以及优秀的共产党员组织，领导人民取得民族独立、国家发展，一步步走向富强、中华复兴，这些组织和团队就非常团结、非常棒。所以，对我们中国人而言，的确是存在一些传统上的团队协作缺陷和不足。

不同民族喜欢的游戏就代表着一些民族的思维和习惯。第一，欧美人打桥牌，打的是相互协同和配合，组队PK。第二，日本人学我们中国人喜欢下围棋，中国人上古时代发明的围棋在日韩比较受欢迎，在当下的中国好像却不是很时髦，现代的中国人习惯打麻将，其实下围棋下的是整体布局，即全局观、整体观，而且围棋博弈中是你中有我、我中有你，规则很简单，黑的、白的，你围住我、我围住你，规则非常简单，而且符合我们中国人的阴阳学说，但是围棋对弈的复杂程度超过你的想象，需要整体布局。第三，当代的中国人喜欢打麻将，麻将是干什么的？就是各自为政，顶住上家、卡住下家、看住对家，我是大赢家。打牌的斗地主也一样，斗地主就是你有钱、你厉害，就要把你拉下来，我们三个穷苦农民联合起来斗倒一个地主，就是打土豪。玩法是钩心斗角、临时的组合，不是一个真正的长久同盟。虽然我们在团队方面有一些小缺陷，可是中国人建立团队一样是有可能的。

二、团队建设中的怪现象

现象一：美国的NBA职业篮球队比赛。每一个赛季末都有一个明星队，即把每个队的球星组合在一起，成为一个梦之队，但是却打不过当年赛季的冠军队，这是为什么？因为明星队每个人技艺都很超群，可是相互之间的配合不够默契。

现象二：6个智商为120的个人组成的团队，团队的智商却为62分，为什么？120都是小天才，六个小天才结合在一起，怎么变成了一个大笨蛋了呢？智商为62分，就是智力障碍者，怎么会这样？说明每个人都很聪明，但这个团队一定是有问题的，缺少相互协作，一个不服一个，一山不容二虎。

现象三：各自能拉动85公斤的六个人加起来却只能拉383公斤，而不是85×6=510公斤，为什么？因为六个人很难在同时那一刹那达到本人力量的最巅峰。

现象四：门内外两个大力士却搬不走一个箱子，其实一个人都能搬走，为什么两个人搬不走？因为一个在往外搬，一个在往里搬。搬不走是因为内耗。

现象五：一条沟渠一个人挖要八小时，结果来了两个人、四个人来挖还是需要八小时，为什么？这个小学应用题我们都会做，两个人应该是需要四小时，四个人挖应该是两小时，为什么还是需要八小时？这是彼得德鲁克举的一个实例，不要用经济学思维、数理化的思维去思考管理学的问题。搞管理不是搞数学题的加减乘除。

为什么两个人还要八小时呢？因为第一个来的人晋升为主管了，第二个人继续干活，主管是不挖沟的。四个人来了怎么还要八小时？因为第一个人已经升为CEO了，第二个人升为经理，第三个是主管，所以沟还是第四个人挖的。还有人说可能需要十六个小时，为什么？因为他们开会开了八小时？争吵和讨论，最后三个先来的，压制住那个新毕业的大学生，就是你去挖，大学生拗不过，反抗了八小时，最后老老实实地说："好吧，那我就挖，我等第五个人来。"他就天天指望着第五个大学生再来了，他也可以轻松放松了，为什么会是这样？因为人与人在一起是非常复杂的，不是机器、设备、工具，可以用数字计算那么简单。

三、团队的定义和要点

1. 团队的定义内涵

团队的定义是什么？我们给团队下的定义是：

团队是一种为了实现共同目标而有技能互补、相互信任的个体组成，具有共同价值观，按照一定的程序行动，按照角色分工进行相互协作的工作群体。

团队，首先是由一个群体产生的，这个群体一共有七大要点和关键词：第一，有共同目标；第二，技能互补；第三，相互信任；第四，共同价值观；第五,一定程序；第六，角色分工；第七，相互协作。

比较一下过去国内战争时期的共产党、国民党所领导的军队红军和国军，对比一下团队内涵的七个关键词要素，就会发现国军内部不团结，山头主义、军阀林立、本位主义，都想保存实力、算着自己的小九九，而共产党的军队却团结一致、政令畅通，而且战略指挥和战术部署都能执行到位，就体现出顽强的战斗力。虽然装备是小米加步枪远远不如国军，但是经常能够打胜仗，为什么？为什么会有如此强的战斗力？因为符合团队的这七个内涵特征，检查一下共产党的军队是不是有共同目标、角色分工、技能互补、协同作战，工作分工有军队指挥、地方工作、思想工作、外交关系和谍报战线等等，每个人各管一摊，而且相互协作、配合默契。团队成员之间彼此信任、相互支持，有着共同的价值观和共同的马克思信仰，而且行动决策有程序，民主集中制的方式。

2. 家庭就是一个微型团队

其实夫妻和家庭也是一个微型团队，两口子在一起的微型团队也符合以下七个团队内涵要素。

第一要有共同目标，如果另外一方还家外有家，有另外一个目标，这可不行。

第二是技能互补，必须是一个正常的男人和正常的女人在一起，所以称技能互补。

第三是相互信任，如果夫妻两口子总是互相猜忌，你怀疑我、我怀疑你，这个日子怎么过得下去。

第四要有共同的价值观，我们无法想象一个信基督教，一个信伊斯兰教，这两个人可以在一起做夫妻，这两个宗教都有一个特点，不可以跟异教徒结婚，如果与没有宗教信仰的人结婚或许就无所谓。

第五要有一定的决策程序，家里到底是男人说了算还是女人说了算？老公说了算还是老婆说了算？我们家里大事我说了算、小事我老婆说了算，但是我们家里从来没发生过大事，所以都是我老婆说了算，我主要关心国家大事，例如星球大战、祖国统一等等，我主要关心这些大事。

第六是角色分工，家庭的角色分工最简单，男人负责赚钱、女人负责花钱，网络语言——“我负责赚钱养家，你负责貌美如花”，这就是角色分工。

第七是相互协作，而不是相互拆台，尤其是当着外人的面给了男人面子，回家再慢慢收拾。比较一下国内战争时期，国军相互拆台不协作，但是我方，无论红军、八路军还是志愿军、解放军都是相互协作，相互搭台而不是拆台。可见，团队的七大要素需要认真去贯彻，才能体现出团队的威力。

四、不同团队的不同力量

有三种团队体现了不同的力量。第一，成员各自朝着交错的方向努力；第二，成员朝着共同的方向努力；第三，成员个体很卓越，但是相互之间不配合。就像 NBA 的梦之队明星队就是这样，每个人都很厉害，可是朝着不同的方向使劲。

不同团队的整体效能不同，就好像 1+1 等于多少呢？如果大于 2，就是成员之间发挥优势、取长补短。如果等于 2，就是相安无事、彬彬有礼；如果大于 0 小于 2，那就是貌合神离、问题成堆；如果 1+1 等于 0 呢？双方斗气躺倒不干。有没有 1+1 小于 0 的？有，那就是矛盾激化、相互拆台，你想要成你的事，我就拆你的台、搞破坏，我让你成不了事。假如你买了奔驰，我就给你车身上划一条杠，我让你开奔驰？只好去修补、喷油漆。第二天，又躲在很远的地方拿一个砖头，砸破车窗户，奔驰车换一个窗户很贵的，谁让你有钱？谁让你开奔驰？红眼病就是这样，相互拆台。

有一段绕口令表达团队合作的不同效果：

有四个人，分别名叫每个人、某些人、任何人和没有人，
有一项很重要的工作要完成，
每个人都被要求去做这些工作，
每个人都相信某些人会去做，
任何人都有可能去做，
但是却没有人去做，
某些人对此感到很生气，
因为那是每个人的工作，
每个人都以为任何人都能做那个工作，
然而却没有人领悟到，每个人都不会去做，
最后当没有人做那件，每个人都该做的事时，
每个人都在责怪某些人。

古人云：天下兴亡，匹夫有责。天下兴亡，到底谁有责？人人有责就是人人都没有责。大众集体负责制就类似于无人负责制，最好是把责任落实到个别人和某个人身上，否则就容易发生扯皮。结果与愿望、口号是反着的，现实就是这么好玩有趣。

五、团队构成要素的五个 P

团队的构成要素有五个 P：第一是团队的目标，第二是团队的成员，第三是团队和个体的定位，第四是权限的关系，第五是计划的达成。

团队需要有共同的目标，具有合适的人员、组织和数量，团队的角色和定位都要很准确，同时需要有权限范围，责、权、利要匹配对应，最后达成团队的共同目标，控制住计划的达成和进度。

针对好团队和坏团队的特征，曾经有专家做过总结。好团队的特征是：有明确、共同的团队目标；资源共享；不同的团队的角色；良好的沟通；共同的价值观；归属感；有效的授权。好的团队都有这些特征。

坏的团队两大类：没有共同的团队目标，没有共同的价值观和利益。大家都只算自己的小九九，算自己的铁算盘，没有共同的团队目标，不能资源共享，角色沟通不畅，各行其是，还相互拆台，这样怎么可能会达成一个共同的团队目标呢？同时因为没有共同的价值观，每个人的追求不一样，一盘散沙，不愿意授

权，而且个人利益之间还有冲突和争斗，所以，当好坏这两类团队在同一个战场或市场上进行竞争的话，很显然，好团队胜出的可能性就会更大一些，具有超强的战斗力。

第二节　团队的分类与区别

一、群体、团体与团队

与团队类似的概念通常有三个，分别是群体、团体和团队。

1. 群体就是一堆土豆，相互之间没有关联。好像那个箩筐里有一堆土豆，各是各的，你的是你的，我的是我的，泾渭分明。

2. 团队（TEAM），就好像是一碗土豆泥，所有的土豆全部都被煮烂了、捣烂了，你中有我、我中有你，分不清彼此，这种状况叫团队。

3. 团体就是介于中间状态的集体（GROUP）。团体就是土豆条、土豆丝，很多种混在一起，可是还是有一些小界限，可是它已经分得更细了，但没有像团队那样完全地混合在一起，好像一口锅里的肉被搅在了一起。

群体的行动导向是个人导向，团体的行动导向是领袖导向、领导导向，团队是目标导向，原来的领导核心、领袖不见了。群体是共同目标不明确，没有共同目标，各为各的利益，你干你的、我干我的，井水不犯河水。团体是为了一个共同的目标，也知道共同目标是什么，能够相互配合，但是默契程度不如团队。团队不但知道共同目标，而且能够巧妙地汇集所有成员的力量，让大家能够做到相互补充，达成一个很好的团队。

我们东方人的儒家文化传统，更多地强调集体主义精神，自古以来就强调服从大局，舍小我求大我，要求天下、国家和民族的根本利益至高无上，形成了中国人传统文化中的大一统的概念，一切都是为了大一统，为了整个民族和天下。过去并没有太多国家的概念，比较强调的是天下观，强调天下为公，要有公心，放眼望去就是天下，所以这也是一种儒家崇高的集体主义精神。

儒家文化跟西方强调的团队的精神还是有一点不同的。西方自古以来并不是很强调团队利益的融合，更多地强调是个体，个体的尊严、个体的权利、个人的利益、个人的成长和个人的尊严神圣不可侵犯，更多地强调尊重个体的人权。我们东方尤其是中国的传统文化，比较强调整体的集体、组织大局的利益。组织和集体的利益是压倒个人的，要求舍小我而求大我，西方的概念是个人的利益还压倒了集体和组织的利益，为了个人可能会牺牲组织的利益。这些都是东西方文化有点区别的小小的地方。

二、团队的三大类型

西方人语境中所说的“团队精神和团队文化”，在中国文化里面体现为团结精神。西方突出个体价值、绝对平等，崇尚自由、个人尊严和个人奋斗；中国更加强调整体价值、长幼有序，注重种族延续、文化传承和集体利益；可见东西方文化对团队、团结的理解和内涵是有一些差异的。中国人自古以来、从小学开始就反复提倡集体主义精神，灌输给孩子们大一统的集体主义观念，比较强调为了整体大局的利益，中国儒家文化提倡顾全大局，舍小我、成大我，注重具有奉献牺牲的精神。

管理学常常把团队分为三种类型：第一种是棒球队型，也称为机器型；第二种是足球队型，也称为乐队型；第三种是双打队形，也称为特工形。

1. 棒球队型。中国人打棒球比较少，不太了解。什么叫棒球队型？棒球队就是每个人都站在自己的位置上，一个萝卜一个坑，而且相互之间不可以离开自己的位置，即使别人位置那里出现了问题，你也不可以冲上去做替代，类似于生产车间里面的流水线，每个人都要坚守自己的岗位。例如外科手术队伍，每个人守好自己的特定岗位，主治医师负责手术，护士和专门的助理人员必须把钳子递上去，医师执行手术操作，各守其责。假设麻醉师晚来两分钟，我们等不及了，主治医生就代替他做麻醉师的工作，绝对不可以。所以，各尽各的职责，单独发挥作用，这个就叫棒球队，也叫机械化的、机器型的团队，比如现代化的大规模的生产，尤其是流水线上大部分是以这一种模式叫机器型。

2. 足球队型，也叫乐队型。交响乐特别符合中国文化所说的“和而不同”，不同乐器、不同声音、不同旋律，组合在一起的音乐特别动听和谐。西方人对待团队的看法往往追求完全相同、整齐划一。完全相同是很难做到的，可能就需要砍前砍后、砍长补短，才能做到完全一致。中国人做法不一样，中国人喜欢包容不同的意见和不同的看法，就是“君子和而不同”。和，就是你可以唱不同的声音，但是整体配合起来还是很和谐的，听上去还是和音，所以交响乐队是不同的乐器去发不同音阶的声音，听起来是一首很棒的音乐，相互有适当的配合，虽然有固定的位置，但是可以做部分弹性的相互配合。例如，在球队里面有某个队员的位置空位了，那我就可以立即补上去。岗位具有一定的弹性，能够适应一定的变化。但是还没有到完全混合的程度，例如后卫去做前锋，前锋来做守门员，这是不可以的，这就是第二种乐队型、足球队型。

3. 双打型和特工型，就是达到完全混合程度。有点像打排球或者双打，一旦发完球之后，他的位置就可以灵活应变。只要能把这个球打过去（按照规则）就很好。打排球也是这样，发完球之后每个人的位置就完全是浑然一体，按照自己最擅长的特点来进行分布。就类似于特工执行任务一样，特工小分队原来也是有角色分工的，每个人分别负责通讯、突击、排雷、医疗或情报等等，但是一共就五六个人，一个人要兼很多的工作，假如负责通讯的受伤或牺牲了，该怎么办？我就要把通讯员的岗位负责起来，哪里有空档，我就补向哪里，完全是非常灵活的、灵活自主的，有什么需要我就担当这个角色，成员之间浑然一体。这样的团队成员就需要很大的默契，要配合得非常自如，也是效率最高的团队类型，但是组成起来、达到高度配合默契也是很难的。

所以，团队的演变有三个过程：群体、团体和团队。团队的类型有三种：机器型、乐队型和特工型，按照岗位变化和相互配合的程度不同来加以区别。

第三节 团队建设的原则与要点

一、团队建设的七大原则

管理专家研究得出团队建设的一些基本原则。

第一，确定团队的规模。每一个领导者都需要有合适的管理幅宽，即直接下辖的下属人数。管理的幅宽不能过宽，就是他直接领导、所面对的直接下属人数不能太多，通常极限大概是20个人左右。一般的团队人数规模在8 ~ 12人以内，类似于中国人的八仙桌或西方人的圆桌吃饭，十个人左右为宜。当然，五个人之内那就更好，十个人左右即可，太多人数会影响到沟通交流的效率，很难形成凝聚力、忠诚度和团队的信任感。有的团队有五六十个人都归一个人管，来了新员工，他都不认识，叫不上来名字，这个状况显然是有问题的。

第二，完善成员的技能。成员的技能大概分为三大类，第一类是专业特长类，第二类是发现和解决问题类，第三类是人际关系协调类。让第一类有专业特长的成员从事专业类工作，让第二类发现解决问题的人做决策和执行类的工作，第三类适合做人际关系协调人事类工作。有人做人事类工作，有人做专业类工作，有人做决策类工作，成员的不同技能应该进行有效的互补。

第三，分配团队的角色。团队的角色有多种，需要相互支持和配合。就好像军队里有不同角色：如侦察兵、先锋突击队、参谋长、主席司令和指挥官，有主力部队和后勤工作、通讯、战地医院等等。团队领导者需要根据团队的目标和任务不同，有效地分配团队每一个成员的角色。角色分配、岗位职责与他的个性偏好，最好能够有一定的匹配度，这样才能人尽其才、各尽其能，把合适的人放在合适的岗位上，让团队的效能得到很好发挥。

第四，树立共同的目标。共同的目标就是使得大家的利益和力量统一到一个方向，大家的利益和方向是一致的，而不是相反。所以，共同目标能够为团队成员提供好的指引方向和强大动力，共同目标能够使每个成员都能够有效提高绩效水准，能够使团队充满了活力、充满了战斗力。可见，没有共同目标，或者各自有各自的目标，显然这样的团队就是一盘散沙，缺少战斗力。

第五，建立绩效评估和激励系统。绩效评估，就是评价团队成员的价值贡献。干得好与不好、干与不干、干多干少、干的质量和数量不同，都应该要得到不同程度的奖和罚。所以，对于团队成员的工作成效和成果如何做公正评价，这是一个非常专业的学问，有一定的难度。我们团队对绩效评价研究了很多年，发现可以把游戏化、娱乐化的方式运用到成员绩效评价中，就好像玩网游的方式给成员算点数、算分数，每天观察成员的行为表现，然后根据公司的规章制度转化成计分规则，每天来给你做计分评定，到了月底和年底来做计分的排行榜，这样来排排坐式的相对排名，公平公正公开，可以比较客观地评价每一个人的工作价值和贡献程度，对每一位成员的工作成绩加以肯定，形成良好的集体荣誉和适当的群体压力，从而形成良好的个体行为。

第六，培养相互信任的精神。团队内部要彼此信任、相互支持，为自己为团队，也为所有人的利益，团队和个人价值一致，并用一定的仪式、语言、行动和动作来支持统一的团队。当然，如果个人有个别特别想法或者其他感觉，可以畅所欲言，也可以在团队内部公开出来让大家一起讨论并解决。

第七，团队的建设的途径，有人际关系途径、角色建立的途径、价值观的途径和任务导向的途径。

二、高绩效团队建设的四个方面

高绩效团队的建设从四个方面或四个步骤来看：

第一，明确角色；

第二，成熟的关系；

第三，针对性的目标；

第四，大家同意的程序。

四个方面就是角色、关系、目标、程序。团队角色要分工、要匹配；团队关系需要彼此成熟、信任和相互支持的关系；团队成员之间要有共同的目标；做决策时有大家都同意的决策程序。

三、团队建设的六大步骤

团队建设的六个步骤有：

1. 成员的数量合理，极限是 30 个人，通常 5 ~ 10 个人左右。

2. 团队成员优势能力互补，每个成员的优势特点、技能、年龄、经验、习惯、个性、行为方式匹配互补。

3. 团队内部的职责分工明确，每一个人的岗位和角色能够分工明确，否则容易扯皮，发生矛盾。

4. 目标清晰、忠诚，目标是共同的，是具体的，是公开的，达成共识的，大家都认同的，只有共同的目标才能培养我们成员的忠诚度。

5. 信任、支持与和谐。

6. 突出整体，突出团队的整体利益，整体价值观，淡化领导，淡化核心领导来相互支持，彼此相互信任，彼此支持和配合，这样才能形成一个很好的优秀的团队。

四、团队管理的十大要点

如何能够做好形成一个很好的团队，让团队产生高绩效，我们经过多年的研究，原创形成了十大要点：

1. 部属是否明确具体任务、目标和岗位的核心职责、衡量标准？

2. 我所提供的各项人力、财力、信息等资源、权限和支持是否充分、合理和及时？

3. 下属的能力、才干、经验、个性与岗位工作要求是否匹配？是否需要提供训练辅导？

4. 我是否提供了对下属工作表现的肯定、赏识和鼓励？及时、充分、有效吗？

5. 团队是否拥有共同的思想、信念、价值观、评判标准、团队文化？并得到全体认同？

6. 团队内部的沟通是否形式多样、渠道畅通、信息透明、积极主动、准确高效？

7. 我是否与下属心贴心、足够关怀关心、关注员工的情绪感受、培育团队归属感？

8. 团队内人际关系是否相互尊重、彼此信任？工作上是否共同参与、配合默契？

9. 团队是否有足够的创意思考、提案改善、学习成长和持续进步的习惯？

10. 团队是否明确共同愿景，制定共同的事业目标和理想追求？并与个人职涯相结合？

每一位领导者都应该根据目前团队的管理现状，对照以上 10 个要点进行自我检测。假设每一个要点的满分为 10 分，那十个要点就是 100 分，在满分为 100 分的情况下，您的团队能够得到多少分？希望大家能够把团队建设的十个要点回去仔细研习，认真实践，把它落到工作实处，我相信一定能够建立有一个很好的、优秀的、高效的团队。

第四节　常见的团队陷阱

领导者在团队管理工作中会存在着很多团队陷阱，如果团队管理中面临的小问题不去及时应对和妥善处理，一些小的苗头和现象不去加以注意和改进，这些小问题就会引发大爆炸，继而会影响到整个团队的士气和整个团队的运行效率。团队陷阱一开始都表现为小征兆或者假象，它不容易被发现，发现了也不容易引起足够的关注或担忧，具有一定的伪装和欺骗性。作为团队领导者在进行团队建设的时候，不要被这些外表美好的假象所欺骗，其实它们内在可能隐藏着很多团队陷阱，可能会导致大的困境和问题。

一、六种类型团队陷阱

团队陷阱有哪些类型呢？一共分为六种类型，分别是：影子“主管”“问题猴子”管理、职责不清、人际关系矛盾、集体决策、团队冲突 。

1. 影子“主管”。

影子主管就是看不见主管，主管消失了，只是在幕后做指挥和操纵。团队领导者需要从不同管理层级来理解这个现象。从好的方面来看，这个高层主管是无为而治，能够充分授权，值得肯定。从另一个方面，如果是基层主管不在其位、不在管理现场，没有去抓过程管理，可能就会有问题，基层领导者完全做幕后的遥控或者操控就不合适。还有一种现象就是主管像影子一样存在着，像幽灵一样的存在的，团队的决策大多是暗箱操作，不能公开透明、坦坦荡荡。其实，团队内部有建议就在场面上公开讲，有问题就可以公开反映，尽量能够做到团队成员参与、大家协商，这样容易达成团队共识，提升团队的凝聚力和执行力。所以，在正式主管的背后，不要再存在另外一些影子主管和实际控制人。在团队内存在地下的、隐藏的、带有操纵性的、额外的控制力量，领导者需要小心，这个现象管理学上称为“非正式群体”，尽量把这种力量做一些正确引导，成为正面的力量。

2.“问题猴子”现象。

“问题猴子”现象是团队管理中常见的陷阱，当下级碰到了工作上的棘手问题，好像是肩上爬了一只调皮的猴子，于是他就向上级求救，问上级：这个问题该怎么办？上级经常去替下属去解决这些类似问题，于是那只麻烦的猴子现在转移到了上级的肩上，管理学称之为“问题猴子”的管理。

有不少团队领导者常常沦为劳模型干部，凡事都喜欢亲力亲为、身先士卒，冲在工作的第一线，继续扮演着团队业务骨干的角色，无意之中丢掉了团队管理的核心职责，这样是不是管理角色有偏差有问题？领导者扮演团队的劳模是比较常见的团队陷阱和误区。因此，大部分的团队领导者成天忙忙碌碌，工作非常忙，任务非常多，每天也很勤奋努力，但就是工作成效不高，团队的绩效总是没有太大的起色，其中一个原因就是没有认真处理好“问题猴子”的问题。

3. 职责不清。

岗位职责清晰，应该是职、责、权、利、罚等五个要素对应匹配，同时团队内部岗位分工之间、上下游的工作流程之间也需要明确具体的配合协同要求。否则，如果岗位职责和协同流程没有做明确规定，容易导致岗位之间或成员之间的扯皮现象。实际工作中职责和流程不清可能会出现两类现象，第一类是责任空白，第二是多头管理。第一责任空白就是有一项工作不知道应该由谁来做、谁来负责，好像大家都可以做，但最后并没有具体的人来承担相应的责任，结果常常是你也不做、我也不做，最后就是没有人去做，这种现象就是责任空白。第二类是多头管理，就是由一个具体工作由多个岗位负责，或者由多个上级来共同领导。某一件事情你可以做、我也可以做，是我的核心职责，同时也是你的核心职责，这样就容易造成职责重叠和内部争斗，有利益好处时大家都来争抢，要承担责任时大家都推卸责任，这样的团队协同就会出现障碍。

针对团队常常出现的职责不清的现象，我们建议：认真梳理工作流程，把出现的低效、投诉和不协调等问题进行改进改善。同时，把大的工作任务进行切块、细分成具体事项，尽可能明确到具体岗位和部门，并设定可量化的工作衡量标准和奖罚规则，防止出现职责空白和多头管理，避免掉进职责不清的陷阱。

4. 人际关系矛盾。

中国社会是人情世故的社会，比较重视人际关系，所以在中国人的团队里面，也比较容易发生人际关系矛盾。引发人际关系矛盾的原因有：（1）团队成员不同的个性和价值观。个性差异和价值观差异会引起人际矛盾，例如活泼社交型的个性与内向安静的个性，有互补的优点，但也容易产生矛盾。（2）各自的利益分配对立。团队内部的利益分割容易形成零和游戏，你多他就少，形成了内部争抢现象。（3）岗位职责的对抗或制衡，有一些岗位职责设置上就是对抗性、用来内部制衡的，例如品质管理、人事管理、安全管理、门禁保卫、纪律督察、财务审计等等，因为工作职责的制衡产生人际矛盾很常见。（4）非正式群体或派系山头。团队内部总会有一些人脉、情感上的特殊关系，导致我们的人，或者是对方的人。（5）沟通不畅、协同不力也会引发彼此误会和人际关系的矛盾。很多人际关系的矛盾和冲突带到团队工作当中，就造成了团队很多的障碍和麻烦。

5. 集体决策。

常见的陷阱现象就是集体决策的迷思，导致重大决策失误。我们中国人过于迷信集体决策的表象，因为是我们全体鼓掌通过、一致同意，其实有时可能是一言堂、老板现场拍板、匆忙决策，并没有经过集体讨论和慎重思考。看法一致性、完全没有异议和反对质疑的声音，看不到事物的另一面，这不符合辩证法，不是好现象，容易掉进集团决策的陷阱。当大 BOSS 召集开会说：我们有一个问题需要讨论一下，我觉得这件事情应该要这样做，大家的意见怎么样？结果就是全体鼓掌通过。老板的意思很明显，都这样决定了，我们下属就赞同、配合吧！大家都一边倒、倾向性地认为，老板说得对，就是应该要这么做！这就是集体决策的误区。

怎么来防范集体决策的陷阱？我们建议用“魔鬼代言人”，就是在开会的时候，如果出现了一边倒的决策现象，接下来就需要进行“魔鬼代言人”环节，预先准备好一个魔鬼的面具，例如悟空或者八戒或其他魔鬼的面具，就请大家每个人依次戴上面具提反对意见，进行批评、批判或质疑。如果你没有质疑、感觉到这样子很完美，那你就站在那里一直戴着魔鬼的面具，一直等到你说得出反对和质疑的意见为止。如何防范集体决策一言堂的这种陷阱，我们要转换角度，站在对面看一看还有什么不同的声音，否则我们经常一味从众，只听到一种声音，完全听不到反面的声音或质疑的意见，这是很危险的，决策失误可能会导致团队的万劫不复、无法挽回的重大损失。

6. 团队冲突。

团队成员因为个性差异、利益分割、角色分工等导致团队冲突，面对团队的矛盾和冲突应该怎么办呢？领导者需要在对抗、合作和妥协之间寻找应对策略，在我赢、他赢或共赢之间做必要的选择，通常的建议是选择共赢合作而不是对抗，也不是简单的妥协或无谓的退让。

二、团队的角色差异

团队的角色差异很容易造成团队的冲突和矛盾。我们列了一张表，看看不同的团队角色，具备什么样的具体特征，他们在相互协作的时候可能会产生什么样的矛盾和冲突，团队角色分为协调者、决策者、策划者、监督评估者、支助者（支持帮助者）、外联者、实施者、执行者，不同的角色完成不同的行动任务，具有相应的特征，在一起的时候，能否巧妙搭配、相互匹配和彼此支持。

表 1 团队的角色差异

角色	行动	特征
协调者	阐明目标和目的，帮助分配角色、责任和义务，为群体做总结	稳重、智力水平中等，信任别人，公正，自律，积极思考，自信
决策者	寻求群体进行讨论的模式，促使群体达成一致，并做出决策	有较高的成就，极易激动，敏感，不耐心，好交际，喜欢辩论，具有煽动性，精力旺盛

续 表

角色	行动	特征
策划者	提出建议和新观点，为行动过程提出新的视角	个人主义，慎重，知识渊博，非正统，聪明
监督评估者	分析问题和复杂事件，评估其他人的贡献	冷静，聪明，言行谨慎，公平客观，理智，不易激动
支助者	为别人提供个人支持和帮助	喜欢社交，敏感，以团队为导向，不具决定作用
外联者	介绍外部信息，与外部人谈判	有求知欲，多才多艺，喜爱交际，直言不讳，具有创新精神
实施者	强调完成既定程序和目标的必要性，并且完成任务	力求完美，坚持不懈，勤劳，注意细节，充满希望
执行者	把谈话和观念变成实际行动	吃苦耐劳，实际，宽容，勤劳

三、如何能够管理好团队?

领导者如何管理好团队呢？专家有七条建议：

①管好自己；②做好教育训练的工作；③培养好良好严谨的工作作风；④让每个成员明白团队的目标；⑤人性化的管理，以人为本；⑥做好幕后支持、团队的总指挥总协调，让大家充分参与；⑦协调好上层关系，主动配合上级。

管好自己其实并不容易。所谓“己所不欲、勿施于人”，领导者的自律、自我修为和品德品行是产生人格魅力的基础，才能产生团队影响力。团队管理的基础就是自我管理，首先是团队负责人的自我管理，然后是每个成员的自我管理。

人才培养、教育训练是领导者的核心职责，领导者可以在团队内部进行细分工作小组，进行适当分权管理，或者进行相互 PK 比赛，有利于促进团队良性竞争的氛围。还可以选拔后备干部进行培养，试行轮值制，例如选拔后备干部 4 人，每人每周轮值一次做团队负责人，负责团队的日常工作，这样的实战操练和模拟轮训对后备干部的成长作用很大。尽量让全体团队成员都积极参与到团队管理，减少“一言堂”现象，可以每周一次共同讨论和检讨追踪团队所有事务和重要工作进度，并进行分工协作、奖罚公开，达到全体共治、自主管理、力争上游的好氛围。

团队良好严谨的工作作风首先从团队领导的表率开始，逐步培养团队的严谨作风。对于岗位职责要清晰、具体，每年年初签订岗位目标责任书，每个月制定工作目标并在月底检讨追踪，工作目标达成的进度和品质需要与绩效评价、奖罚约定直接挂钩，并在团队内部决策让全体成员参与讨论、群策群力，建立公开透明、多劳多得、力争上游、优胜劣汰的团队文化。

团队领导者与上级的角色关系应该是上级的绩效伙伴和有力助手，需要与上级主动协调、沟通和配合上级的工作，站在上级立场换位思考，保持与上级沟通的畅通，准确理解上级的意图和想法，按时保质保量地达成团队绩效目标。

第五节　提升团队战斗力

一、不同类型组织的寿命

一个组织和团队有没有战斗力会直接影响团队绩效的达成，一个组织和团队有没有持久的战斗力，会影响到团队未来的长期发展。历史上曾经有很多强盛的军队，横扫欧亚大陆的帝国王权盛极一时，但也免不了昙花一现，湮没在历史的尘烟之中。

二、团队战斗力的真相与秘密

关于团队战斗力的问题，国际上有一批专家教授和学者在研究20世纪最伟大、最杰出的组织是哪一个？曾经评选的结果是伟大的中国共产党，中国共产党是20世纪最伟大、最杰出的组织之一。为什么呢？中国共产党的功绩无人能比：成功打天下、建立新中国、改革开放40年，其成功秘诀是什么呢？很值得企业家和领导者研究，美国就有一群教授在研究这个课题。

其实，中国共产党成功的理由，我从管理学的角度上总结了大概三大条：第一是未来愿景；第二是思想和信仰；第三是激情斗志。

第一是未来愿景。就是Vision，未来的愿景，理想和蓝图，革命的“初心”，建立共同的愿景就是：穷人翻身得解放，建立一个美好的大同世界，这就是建立未来的共同目标。

第二是思想和信仰。所有的红军战士、革命战士是为了什么而打仗？不是为了个人，而是为了全天下穷苦的老百姓，这是我们做一切的出发点，是初心和初衷。这就需要对战士们，进行政治思想工作，要建立共同的革命信仰，用马克思共产主义的思想去武装每一个革命战士，这是建立正确的价值观和行为动机，我们都需要有一个共同的信仰和价值观。

第三是激情斗志。在每天具体的工作过程当中，行军、打仗或训练当中，每天都要"打气"，就是鼓舞士气、激扬斗志。所以红军、解放军、志愿军的状态是纪律严明、斗志昂扬、奋不顾身，这就是有信仰军队才有战斗力的成功秘诀，非常值得工商界人士和领导者学习。

三、身心灵同时满足需求

成功团队的未来愿景、思想信仰、激情斗志三个要点，是从身心灵三个角度来分别满足了物质、精神和情绪的三个层次需求。第一是物质方面的，共产党闹革命首先解决物质问题，打土豪、分田地，有地分、有田种，就解决物质、生活的基本问题。第二，我们为什么要打仗、为了谁闹革命，是为了实现共产主义、是为了普天下穷人翻身得解放，这是灵魂、精神和信仰。第三，红军、解放军官兵一致、官兵平等，遵守三大纪律、八项注意，艰苦奋斗、同甘共苦，相互之间有情感、有爱和尊重，这是心理、情绪和感受的问题。所以，从身、心、灵三个角度都满足了团队战斗力的要求。

四、厘清工作动机和梦想

请思考一下人们工作背后的行为动机应该是什么？是为了使命感、一生的终身追求、让人生有意义？还是满足于个人的兴趣和爱好？还是只是为了吃饭、谋生和生活，不得已上班工作，是无法逃避的苦差事，天天都盼着不要干这个苦活？一个人对工作的认知和感觉，显然带来的结果不一样，其心理、情绪和感受也不一样，工作动机给团队成员的信心、梦想和未来非常重要。

组织未来发展的蓝图与每一个员工的个人职业生涯规划、发展有没有挂起钩来？建议在每一个团队的办公室里面做一块看板，建立一个梦想图、梦想墙，每一个人都要建立个人的理想和家庭的梦想。梦想图就是把每个人的梦想画出来，十年、二十年、三五十年之后，我有什么样的梦想和蓝图要实现？我准备要付出什么样的努力？

五、建立团队的共同愿景

团队成员的蓝图、梦想要与企业梦想、中国梦紧密地结合在一起，这就是建立团队的共同愿景，也是团队的精神动力。共同愿景就是团队成员都具有的、未来所希望的一个愿景，是大家梦寐以求的组织发展蓝图。共同愿景才是团队发展的灵魂源头和精神原动力。

如何培养建立和培植团队的共同愿景呢？第一，鼓励每一个成员都建立个人的梦想和愿景，然后把个人的愿景和团队共同愿景相结合，培养共同的愿景和理想。组织的梦想和愿景最好能够超越于个人的小愿景小梦想，共同愿景对每一个人都有关联，对每一个人都有激励作用，所以把理想和现实紧紧地挂起钩，这对每一位团队成员的激励都是非常有效的。

在中国历史当中，不同团队的战斗力与其最后的成功与否是不一样的。《西游记》中的唐僧团队终成正果，还算不错；刘邦团队建立的大汉王朝，开创了政治的一个高峰，还算是非常成功；但是刘备团队就只是成功了一半，因为只是三分天下，最后并没有完全光复汉室；宋江团队也是初步成功，成功了一半，一开始聚集梁山好汉 108 将，起点开头还比较成功，但最后被朝廷招安之后，导致英雄四分五裂、土崩瓦解，也是梁山英雄的一场悲剧。

可见，从历史故事中，研究各自团队的成功、失败、得失、经验和遗憾，仔细分析一下，或许能给我们领导者不少的启示和启发。

第八章　卓越情境领导力

领导者的管理对象分为人和物两大类，除了针对“物”如目标、绩效、成本和品质等进行管理之外，针对“人”下属员工的管理就是领导力，其中最重要的就是情境领导力。情境领导力有五个分主题：一、权变与员工差异；二、领导的行为导向；三、领导风格的类型；四、柔性领导力的修炼；五、卓越领导力之道。

第一节　权变与员工差异

一、权变理论

经典的管理理论——权变理论告诉我们：第一，唯一不变的就是变变变。领导者应根据当前的实际情况，顺势而变，外部环境变化了，我们的策略和风格也需要变一变。第二，没有最好的管理，只有当下最合适的选择，只有最合适的管理。

中国古老的传统文化非常强调“道”。什么叫道？道就是：该变的变了，不该变的就不要变也不会变。易经的“易”有三层意思：第一层易是变化、变异；第二层易是简易、简单容易；第三层易是不易、不要变、不能变。所以，易经的意思就是该变的就变，不能变的就不要变，想变也变不了。有些人世间、大自然的真理和规律，它永远都不曾变过，例如人性根本、民心向背、地球引力、宇宙定律等等，古人称之为“道”，即大道、天道。道就像老天爷、像大自然一样的客观宇宙规律，我们人类需要向大自然学习“道”，我们的行为举止和为人处世要合道，这就是古人所说的“道法自然”。

二、合理化、水性管理

传统文化在管理上的应用就是：管理需要合道。对于领导者而言，具体应该要怎么做呢？三大管理策略分别是合情、合理、合法，我们如何取舍呢？中国人的传统比较讲人情关系，更注重“合情”。西方人、欧美发达国家比较注重规则、法律，更注重“合法”。西方人要“合法”，东方人要“合情”，合法和合情之间是不是差距和矛盾？这个代沟，怎么去弥补？现代管理学建议把东西方的管理策略相结合，进行中西合璧，叫“合理”。合理就是合道，合理不是简单的合法，不是一刀切式的合法，不用一味地什么都要的“合法”，其实在法外、规则制度之外可能还有特例、特权或者特殊情况。当然也不能什么都合情，一切都按照情分和关系来处理，在合情之外还必须要符合法律和规章。所以，需要在合情和合法之间找一个中间路线进行平衡，称之为合理合道，此谓和谐之道也。

老子在《道德经》里面提出“上善若水”，领导力就应该是“上善如水”。中华民族就是要做水的民族，崇尚水的智慧。水有什么特性？水是温柔美，是温柔的力量，柔而不弱。老子说：上善若水，水善利万物而不争，居众人之所恶，故几于道。所以，道就像水一样，是最好的上等的善，道就是水的样子。水怎么样呢？水善利万物，水对世上所有的生物都有利，但是它从来都不自我骄傲，自夸自大，水甚至从来不称自己是营养品，在饮料里面水是最便宜的。而且水一直处在大家所不喜欢、比较低的角落，水就是道的样子，就反映了道的基本道理。

三、因人而异、实事求是

管理学的权变理论应用于员工管理，就是针对不同的员工、不同的情况要采取相应、适宜、不同的管理方式和应对方式，即因材施教、因人而异、因情景而不同，这也是中国人实事求是的精神。

把员工按照意愿和技能的高低可以分为四个类型，第一是高技能、高意愿，第二是高意愿、低技能，第三是高技能、意愿波动，第四是意愿和技能都不行。

第一种类型是高意愿、高技能，称之为明星员工。他的方法技能掌握得很好，意愿和工作积极性也很高，这种明星员工，应该怎么办？领导者应该重点培养、对其充分授权，培养他成为后备干部，视其工作表现和综合能力逐步提拔和晋升。

第二种类型是高意愿、低技能，新进来的员工、新人。他的意愿和积极性是很好的，但是工作技能还不够，想做但不会做，应该怎么办？领导者应该教导他、培养他、教会他。一开始可能需要给他直接下达明确的工作指令，然后根据他的成长阶段、因势利导、因人而异，不断地持续培养他，让他得到锻炼和成长。

第三种类型是最麻烦的老兵，技能很高但意愿波动。老兵就是想干的时候表现不错，不想干、意愿不高的时候会耍脾气、老油条、消极抵抗，大错没有、小错不断，这就是老兵现象。一个新员工进到一个公司的新岗位，通常三到五年左右，可能会进入职业倦怠期，患上职业倦怠症，就是新鲜感丧失之后审美疲劳。夫妻相处有七年之痒现象，就是因为审美疲劳。一个员工做同一件工作，他也比较容易进入一种懈怠和疲惫，能不能换一个工作？能不能换一家单位？总是做这个工作，机械、重复，没有太大的乐趣，不好玩，老兵就会有这样的职业倦怠症。这是比较常见的现象。那领导者应对这种老兵现象，应该怎么办呢？是要来硬的：打压、处罚他还是来软的，关心、教导他？我们建议要采取柔软的方式，以柔克刚的方式，即“招安”。对他采取支持和参与的管理方式，就好像朝廷面对梁山好汉的造反，是采取招安为主还是讨伐优先？最好是招安为主，如果采取讨伐则容易两败俱伤。

第四种类型是意愿和技能都不行的病猫。如果意愿和技能都不行，那该怎么办呢？是直接淘汰他，还给他一次机会改正？建议惩前毖后、治病救人，约定好绩效目标，制定改善措施，再给个机会留职察看。如果实在不能改正，那就再按照规章制度执行。

四、影响力的来源

管理专家研究领导者的影响力来源有三个：一是行政职务和权力，占 20%；二是知识和能力的权威，占 30%；三是人格魅力，占 50%。领导者的人格魅力来自三个方面：榜样、无私和公平。榜样的力量能够产生人格魅力，毫无私心、天下为公也能够产生人格魅力，公平公正处事更能产生领导者的人格魅力。

来自行政职务的权力与源自个人本身的权力有什么不一样？行政职务的权力，有强制权、关联权、奖罚权和法定权。俗话说：官大一级压死人，我是你的长官，你目前就必须要听我的，这是来自行政职位的权力。另一种则是非职位的个人权力，有权威（知识和能力）和个人魅力，称之为关照权、信息权和专家权。有了这些非职位的个人权力，领导者对员工的影响力，就会更高更好一些。

那么领导者的行为导向，是更关注于工作本身，还是更关注于员工关系呢？它属于工作行为还是关系行为呢？

第二节　领导的行为导向

一、领导人的行为模式：专权与放权型

团队领导人的行为导向有着不同的行为模式。从表面来看，团队领导者的行为多种多样、各有不同，大家有时会感觉很奇妙，其中是否有规律可循？我们分析一下领导人的外在行为，他说的话、采取的行动有什么样的规律和模式呢？管理学把领导的行为导向按照放权或不放权，分为放权—民主型和专权—独裁型。放权越多越愿意跟大家协商做决策的叫放权—民主型，不愿意放权和协商，一切都是他说了算，完全服从他的领导，他一个人做决策，称之为专权—独裁型。由此，领导就会有两种极端的管理行为，分别是：①专权—独裁行为；②放权—民主行为。第一种专权—独裁行为就是领导个人做决策，然后下达指令，明确地告诉下级，下级应该做什么。第二种放权—民主行为就是领导愿意跟下属来分享信息，共同讨论和商量解决方案来解决问题，充分尊重下级的意见和想法。

在分析领导者的管理行为时，我们还可以比较他更关心工作目标达成，还是更关心团队之间的人际关系，可以区分出其两种不同的行为导向。如果他更关心工作目标的达成，就是工作行为导向；如果他更关心团队的人际关系，就是关系行为导向。第一，工作行为导向，就是领导者清楚地说明个人和组织的职责，设定具体目标，限期达成，并追踪和评价结果。第二，关系行为导向，就是当团队成员人数比较多的时候，领导进行一对多或一对一沟通，建立彼此良好的信任和人际关系，通常会采取倾听、鼓励、协助、提供工作说明和社交支持等等行为动作。由此可以把领导者的行为区分为工作行为和关系行为。

领导者的态度与行为是有关联也有差异的。行为是一个人表现出来的外在言行举止，而态度是一个人的心理、情绪和感觉，决定和影响着人的外在行为。行为与态度相互影响，态度决定着人的外在行为，行为则会引起他人的反应和评价。所以领导者需要小心，对下属能够造成影响的是领导者的行为，而不仅仅是其态度。我们也很难去揣测一个人的态度，但是很容易看到他的行为表现。所以

中国人说的“听其言、观其行”，我们常常是通过一个人的外在行为来推测他的内在态度。如果一个人自称有一个好的态度（如积极努力负责任），却并没有相应的行为表现，我们更相信哪一个是真实的？我们会更注重行为，常常是通过行为来推测其态度。

二、工作案例的分析

有两个小案例一起来分析一下。

1. 案例一——员工完成紧急工作不合格

你是某公司的部门经理，星期三的下午你要求员工完成部门的周报，之后你要去参加一个会议，由于你没有提出明确具体的要求，员工匆匆忙忙地赶做报告，漏掉了很多重要的细节，下班的时候，他把报告放在了你的桌上，然后就下班了。第二天早上你看到这份报告的时候，发现漏掉了很多重要内容，没有办法，你只好替他重新做了一份部门周报。

2. 案例二——小组协同完成紧急工作

你正在承担某一个项目的全面工作。明天就是要项目完成的最后期限，但是你的小组还没有最终完成这项工作，该怎么办呢？你就说服组内的全体成员，一起来共同努力。大家一起分析了短板所在，并做了有效的分工，同时你一起参与监督和协助关键环节。通过监督过程和协助关键环节等有效的工作，最后能够按期完成工作。

以上这两种情形，他的工作行为和结果都是不一样的。案例二是通过大家的共同努力来完成团队任务，案例一则是上级容忍了下属的过错，然后自己替他来完成，这种情形，称之为劳模型干部。而案例二的情形则称之为团队型干部。

三、为什么领导忙碌却成效低

一个工作团队里面所有的成员都需要学会分工和协作，以便高效协同作业，达成团队绩效。我们需要检讨：为什么团队领导者总是非常地忙碌，却效率不高？为什么领导者一天完成了很多数量的工作任务，但创造的工作价值却不高？每个人的工作，如何与团队的长期绩效、持续稳健发展之间要找到平衡？很多领导者误以为，我今天做了很多的工作，貌似个人效率很高，却忘记了这些工作的价值是不是能够有助于达成团队的未来绩效。所以，领导者如何引导团队成员能够达成团队绩效，要有一个很好的策略运用，那就是领导者的行为导向：是关系行为导向还是工作行为导向。团队领导人的工作行为，对下属会造成很大的影响。

另外，我们还需要一个很好的薪酬分配和奖励机制来激励和奖励下属，从而激励员工达成团队的目标。领导者的工作行为如何进行分类和设定？可以运用管理方格理论。

四、管理的方格理论

管理的方格理论是按照关系行为和工作行为两个维度，落实到领导者身上是更关心员工还是更关心工作、生产，把领导者行为分成五大类型，每一个维度细分了九格，纵横各九格，这样九九八十一格，也称之为九宫图。程度高的就是九，程度低的就是一。这样就可以细分为五种类型的工作行为。

第一种行为（1.1），不关心生产也不关心员工，是无所事事型领导者。团队的一切不用去管了，工作也不抓，员工也没有去关心，团队的目标和绩效有没有达成不关心。

第二种行为（9.1），非常关心生产关心工作和目标达成，但是没有关心员工和下属的情绪感受，这个是生产推动型、业务推动型领导者，又叫工作狂。员工看到了这种工作狂的干部，都要躲闪、躲避，因为该领导很强势、很专制，要求非常地严苛，员工很害怕。

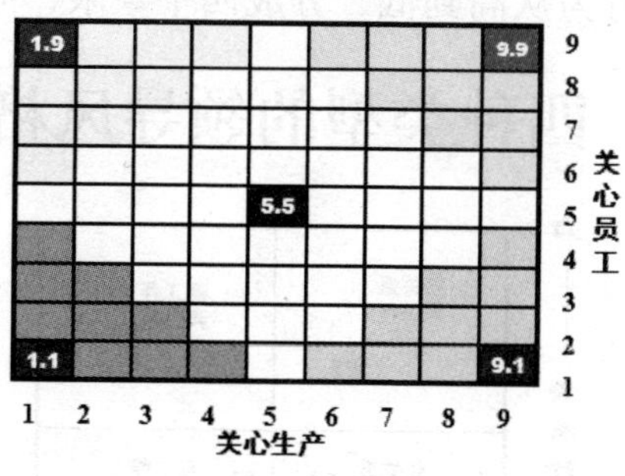

图 8–1

第三种行为（1.9），不关心工作但是很关心员工，是乡村俱乐部型领导者。就是你好、我好、大家好，大家都很开心、很好玩，情绪都很高涨，但是可能团队目标绩效没有达成，业务和生产没有达成，大家玩得很嗨、很开心，那这会造成一个什么样的后果？没有目标绩效达成就失去了团队的价值。

第四种行为（5.5），一半关心生产，一半关心员工，关心生产和员工都只做了一半，打了折扣，是中庸之道型领导者、也叫折扣型领导者，是不够的。

最棒的是第五种卓越团队领导者（9.9），非常关心员工又非常关心工作，在关心工作、生产，保证目标和计划达成的同时，对员工的情绪心理、感受也照顾得很好，这是比较理想的状况，是卓越团队型领导者。

管理的方格理论中划分了五种类型的领导行为：无所事事型——放任，业务推动型——工作狂，乡村俱乐部型——温情，中庸之道型——折中，最棒的是卓越团队型——同时关心工作和员工。不同的领导行为决定了团队目标的达成。

第三节　领导风格的类型

一、四种类型的领导风格

领导风格有四种类型，主要是基于不同领导行为趋向的程度高低进行分类。管理专家研究发现团队领导者有两种行为趋向：一种是关心工作，另一种是关心员工，管理学称之为工作行为和关系行为，从这两种行为维度可以建立领导风格的四个象限，来对应不同的领导处事方式，即不同的领导风格。请看这四个象限，用工作行为和关系行为从高到低，分成四个象限，叫四种类型的领导风格。

四种类型的领导风格

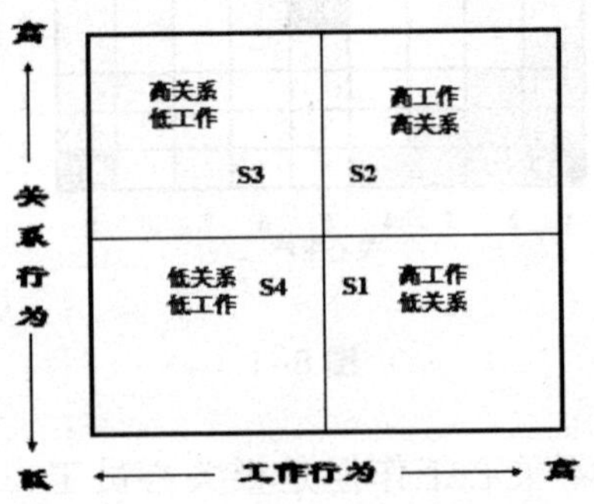

图 8–2

领导风格的四个象限分别是 S1、S2、S3、S4。①关系行为低、工作行为低，即低关系、低工作是 S4 象限。②工作行为高、关系行为低，即高工作、低关系是 S1 象限。③关系行为高、工作行为高，即高工作、高关系是 S2 象限。④关系行为高、工作行为低，即高关系、低工作是 S3 象限。

四个象限的每一个象限对工作行为和关系行为所关注的程度是不一样的。S1 是很关注工作但是不关注关系，S2 很关注工作也很关注关系，S3 很关注关系不太关注工作，S4 是关系和工作都不关注。这也对应了管理方格理论的其中四种类型的领导者：S4 对应无所事事型，S1 对应工作推动型，S3 对应乡村俱乐部型，S2 对应卓越团队型。

二、风格对应意愿技能四象限

领导者的两种行为（工作行为和关系行为）高低所决定的四个领导风格象限，相对应的是下属（被领导者）的不同准备程度，并采取相适应地不同的领导风格。分析下属通常是按照意愿和能力（技能）两个方面来进行划分，也是用二维形成四个象限：高意愿高能力 R4，低意愿高能力 R3，高意愿低能力 R2 和没有意愿也没有能力 R1。

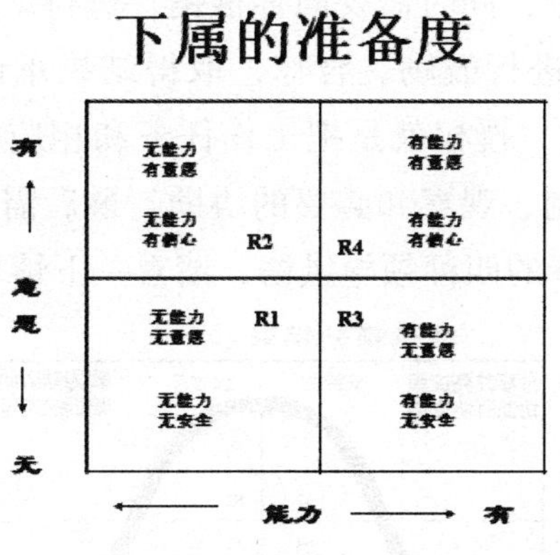

下属的准备度

图 8–3

第一种 R1：没有意愿也没有能力的，如果他没有能力，恐怕也缺乏安全感，领导者应该思考如何针对下属的安全感去做一些思想工作，同时需要做能力或意愿的提升。第二种 R2 是有意愿但是没有能力，虽然下属没有太多的能力，但是他还很有信心、有自信，还很愿意干，就是意愿和积极性是蛮高的。这种情形在新人阶段会比较多。第三种 R3 很有能力但是没有意愿，虽然他的能力很高，但积极性没有、安全感没有、工作意愿没有，所以领导者需要思考能不能很好地激励他，看看他的内在需求是什么。第四种 R4 既有能力又有意愿，那就是很棒的优秀员工，有工作能力、对自己也很有信心，这样一定就很棒。

三、领导行为与员工状态对应

从以上两个四象限的分析可以发现，领导者两种行为的四个象限，与下属员工的准备程度四个象限之间，是不是能够做一些相应的匹配呢？他们之间如果能够匹配，会形成什么样的情形？结果就形成了 S1、S2、S3、S4 四种不同领导风格的四象限。

S1（高工作低关系）是命令式领导风格，特征是告知、指挥、指示、建立。

S2（高工作高关系）是教导式领导风格，特征是教导、解释、动员、说服。

S3（低工作高关系）是支持式领导风格，特征是参与、鼓励、合作、承诺。

S4（低工作低关系）是授权式领导风格，特征是授权、观察、监督、协助。

第一 S1 是命令式，什么叫命令？命令就是告知、指挥、指示，给下属下达明确的工作指令。第二 S2 是教导式，就是教导、解释、动员、说服，或者是推销和宣导。领导下达了指令，同时需要向你推销、进行动员。第三 S3 是支持式，支持式让大家共同参与，进行鼓励、合作，取得结果承诺，让大家共同来努力来完成。第四 S4 是授权式，授权就是把工作任务和相应权力都授给你，当然也需要进行适当的监督、控制、观察和必要的协助，最后需要按照奖罚机制进行兑现。由此就得出不同情境下的四种领导风格，请看一下情境领导的模型。

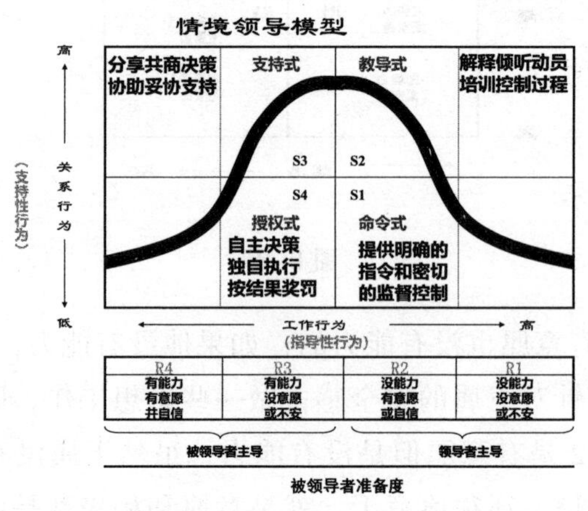

图 8-4

四、情境领导的模型

第一种 S1 是命令式领导风格，上级提供明确的指令，并进行密切地监督和控制，一切都掌握在我的手里，相对应的是高工作行为、低关系行为。

第二种 S2 是教导式领导风格，解释、倾听、动员、推销、培训，控制评价结果也掌握过程，领导愿意倾听下属的意见，并做相应的解释和动员工作，相对应的是高工作行为、高关系行为。

第三种 S3 是支持式（参与式）领导风格，分享、共商决策、协助、妥协和支持。上级会把需要决策的事情先与下属做讨论，希望能够达成共识，得到大家共同的支持，大家一起来做信息分享、共同决策、分享成果，它是对应高关系行为和低工作行为。

第四种 S4 是授权式领导风格，其关系行为和工作行为都很低。授权式就是充分授权、自主决策、独自执行，上级设定一个奖罚的分配机制，最后评估完成结果和目标，进行兑现奖罚。

授权依据程度不同可以分为一级授权、二级授权、三级授权等不同的授权层级，对应的授权和控制的程度会有不同。同时，对应被领导者（下属）的准备，也是不一样的，例如 R1、R2、R3、R4。R1 是没能力没意愿，需要格外小心。R2 是没能力有意愿，那工作就需要被上级领导所主导。R3 是有能力没意愿，需要重点关注意愿方面。R4 是有能力有意愿的，那就让下属自己主导，进行充分授权。领导者需要把下属四种状况的 R1、R2、R3、R4，与四种领导风格 S1、S2、S3、S4 进行巧妙的匹配，才能对症下药、因地制宜，达到较好的管理效果。

五、情境与领导风格

不同工作情境（情景）下领导风格需要与情境相适宜，即具体情况具体分析，保持实事求是的态度。区分的两个维度是抓业务还是关心人两个方面，对应的领导行为就是工作行为与关系行为的两个导向。

第一种，如果主要是抓业务、很少关心人的领导方式，就是命令式（指挥式）领导风格，即给下属下达明确的工作指令，做命令和指挥。第二种，如果是既抓业务又很关心人的领导方式，就是教导式领导风格，有时像保姆式，抓培训做动员、推销，关心员工又关心工作，工作生活两手抓，在中国大部分表现出来的可能是保姆式领导。第三种，关心人但是很少抓业务，是支持式（参与式）领导风格，上级跟大家一起协商讨论，取得一致的意见，达成共识。最后第四种，不关心人也不抓业务是授权式领导风格，就是把任务、权力交给你，按结果论功行赏，执行过程当中也需要定期做进度汇报。

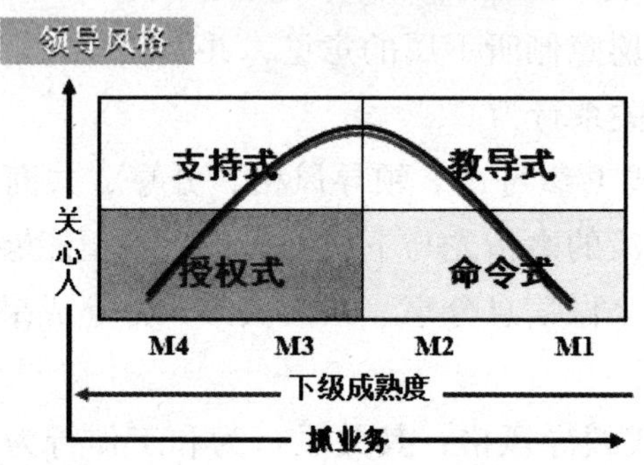

图 8–5

六、领导风格与下属成熟度

执行什么领导风格与下属成熟程度有什么联系？下属的成熟度不同，领导对下属采取的领导风格应该也是相应不同的。下属的成熟度有 M1、M2、M3、M4 四个不同的成熟阶段。

M1，这是新进员工的状态，我们对他采取命令式。员工刚进公司时是个小白，什么都不懂、不明白、不熟悉，那领导要对他怎么办？需要下达明确具体的工作指令。“小张，这个工作应该第一步、第二步等，具体该怎么做……”不但嘴巴讲，而且还要提供书面的作业流程，提出严格的工作标准和检查要求。管理就是明确的要求，明确、严格和书面的要求，而且要保持监督，看着他一步步做，直到他掌握为止，万一出现问题和差错可以立刻纠正，这叫命令式领导风格。

M2，员工开始慢慢地学习成长了，这个时候就需要对他采取教导式。教导式就是不但关心他的工作行为，也关心他的情绪心理，多多谈心交流，适当建立一些私人的感情和良好的信任。这时领导跟他讲话的口气要尊重、柔和一点，要客观和礼貌一点，这是采取教导式领导风格。

M3，当员工的工作技能都掌握得非常好了，完全能够开始独当一面了，可能意愿还有点波动，不够稳定，他的作业技能已经没有太大问题，可以很放心了。这个时候需要对他采取参与式和支持式领导风格，就像温情关怀一样对他嘘寒问暖，多关心他的个人心理、态度和情绪，关心一下他的家庭生活和父母孩子等等，是否有什么家庭难处需要提供协助。上级对下属员工的个人情绪和家庭生活做关心关爱，这是"攻心为上"的策略，反而对工作就不一定要关心得这么多了。我们相信只要他有意愿，他的工作就一定能完成得很好的。

M4，员工的意愿和技能都很棒，已经发展得很成熟了，完全可以放手独当一面，这个时候我们就采取充分授权的策略，把该下属列为后备干部进行重点培养，适当给予上级职务的轮值机会，让其逐步得到锻炼成长。

可见，针对员工 M1、M2、M3、M4 的四个程度，他的成熟度、成长度不同，对他采取的领导风格也不一样。这就是因材施教、因人而异、因地制宜，这也是所谓的情景领导和权变理论最大的魅力所在。

七、情景领导的二个关注点

领导者在运用情景领导技巧时，还需要留意两个关注点。

第一，当领导面对一个员工个体的时候，面对下属从生手到熟手不同的成长过程，出现技能和意愿不同程度的状况时，领导应该如何运用不同的领导风格？领导需要怎么办才能达到下属的个人价值和团队绩效的同步达成？

第二，当领导面对一个群体、团队的时候，领导应该要怎么运用领导风格？群体当中总会有一些个体的差异，其个性、喜好、价值观以及目标和任务类型也会有所不同，需要领导进行厘清和辨别。与个体的成熟度相似，团体的成熟度也有几个不同的成长成熟阶段。团体刚刚组建的时候，恐怕只能进行命令和指挥。当团队慢慢成长的时候，要进行教导，工作和关系两手抓。团队开始有点情绪波动、士气影响的时候，需要进行支持。当团队成长到很成熟很高效，领导在和不在都一个样的时候，就需要对他们进行授权。所以不同的情况下有不同的相适宜的处理方式。

最后提示一下，在团队里面针对特殊成员的领导方式是不一样的，主要技巧可以总结为：礼待班底、善用其才、防止大牌、挽救奴才、减少呆人、开除废人，让每一个团队成员的作用都能够发挥价值，都能够达成共同目标和团队绩效。

领导风格测试

假设你在工作上遇到下列十二种情况，请决定你在会用什么手法处理。

仔细阅读每种情况后，请首先考虑你会如何处理，然后在四项选择中选出最接近你的想法的一项作为答案，考虑下列情况时，请你假设你在扮演同一个领导角色。

1. 你以友善的态度与下属交谈，并表示你甚为关心他们的福利，但他们对你的友善及关心反应不佳，而他们的工作表现正呈现混乱现象，你会（　　）

A. 向他们强调需要运用统一的工作程序，并强调必须完成工作

B. 表现出你愿意跟他们进行讨论，但不会强迫他们跟你讨论

C. 与属下进行讨论，并制定目标

D. 小心行事避免干预

2. 据你观察，你属下组员的表现正在改善，而你亦肯定大家都明确了解自己的职责以及你的要求。你会（　　）

A. 继续和他们保持友善的沟通，并继续确保各人均了解职责及要求

B. 不采取任何明确的行动

C. 尽量令组员觉得受到重视

D. 强调如期完成工作的重要性

3. 你一向放手让小组自行运作，而整组的表现及组员的关系均良好。现在组员遇到一个不能独立解决的问题。你会（　　）

A. 与组员共同商议解决方法

B. 让小组自行商议解决方法

C. 迅速采取解决行动，做出更正及指引

D. 鼓励小组自行解决问题。但表示有需要时会施以援手。

4. 你正在做出一项重大的改革。你的下属一向表现很好，亦懂得新生改革的需要。你会（　　）

A. 容许下属与你一起参与策划改革，但不会强迫他们跟从

B. 宣布改革内容，然后密切监督改革的实际情况

C. 容许组员自行制定改革方向

D. 自行领导改革，但会融合组员建议

5. 过去数月的小组业绩下降了，组员对工作目标漠不关心，并需要你时常提醒才能如期完成工作。据以往的经验，重新制定目标甚为奏效。你会（　　）

A. 让小组自行指定方向

B. 接纳小组的建议，但会确保小组达成目标

C. 重新制定目标，并谨慎监督工作

D. 容许小组参与制定目标，但不勉强他们跟从。

6. 你接手管理一批工作效率甚佳的下属，他们一向接受以前上司的严密监管。你希望维持下属的高效率，但也希望放松监管，缓和关系。你会（　　　）

A. 尽量以行动令组员感到受重视

B. 强调如期完成工作的重要性

C. 小心行事避免干预

D. 容许组员参与决策，但会确保他们达成目标

7. 你正考虑就公司架构做出重大的改革，属下组员已就有需要改革的地方作出建议。组员亦一向懂得灵活处理日常事务。你会（　　　）

A. 说明改革内容，然后密切监督实施情况

B. 就改革内容征求组员的同意，并让组员自行制定实施措施

C. 愿意就改革内容接纳建议，但会控制实施情况

D. 避免对抗，搁置改革计划

8. 组员的工作表现及关系良好，但你怀疑你对小组缺乏引导。你会（　　　）

A. 让小组自行运作

B. 就情况与组员进行讨论，提出需要提出的改善措施

C. 采取具体行动引导下属达到工作目标

D. 小心行事，避免指挥过多而伤害与下属的关系

9. 你的上级委派你接管一个工作小组，小组成员对改革方案迟迟未提出建议，亦缺乏清晰的目标。小组的开会出席率甚低，而开会亦变成社交聚会。但小组有潜力提出改革建议。你会（　　　）

A. 让小组制定改革方案

B. 接纳小组建议，但会确保其达到目标

C. 重新厘定目标，小心监管进度

D. 容许小组参与制定改革措施，但不勉强他们跟从

10. 你的下属一向有能力承担责任，但近期却达不到你新制定的要求，你会（　　　）

A. 容许下属参与制定要求，但不勉强他们跟从

B. 重新制定要求，小心监管进度

C. 不会施加压力以免引起对抗

D. 接纳下属的建议，但会确保其达到新的要求

11. 你最近升迁，履行新职，以前的主管一向不干预属下的工作，而属下有足够能力完成工作，达到目标，属下之间关系良好。你会（　　）

A. 采取行动引导属下达到目标

B. 容许属下参与决策并鼓励其提出意见

C. 与组员讨论过往表现，并检定是否需要厘定新目标

D. 继续让小组自行运作

12. 据最新资料显示，属下内部出现了某些问题，组员一向工作记录良好，过去数年内，组员均能有效达到长期目标，和睦共处。所有人都有良好的工作能力。你会（　　）

A. 尝试让组员实行你提出的解决方案，并与组员检定是否需要厘定新政策

B. 容许组员自行制定方案

C. 迅速采取坚决行动加以更正，引导

D. 表示你乐意与组员讨论，但小心避免损害与下属的关系

领导风格和有效度评分表

		选择的方法（选一个得 1 分）—准确程度评分（效度得分）			
情境	1	A +2	C +1	B −1	D −2
	2	D −1	A +2	C +1	B −2
	3	C −2	A +1	D +2	B −1
	4	B −2	D −1	A +1	C +2
	5	C +2	B +1	D −1	A −2
	6	B +1	D +2	A −1	C −2
	7	A −2	C −1	B +2	D +1
	8	C −2	B −1	D +1	A +2
	9	C +2	B +1	D −1	A −2
	10	B −2	D +2	A +1	C −1
	11	A −2	C −1	B +2	D +1
	12	C −2	A −1	D +1	B +2

续 表

		选择的方法（选一个得 1 分）—准确程度评分（效度得分）			
	栏	（1）	（2）	（3）	（4）
	选择得分				
	效度得分				

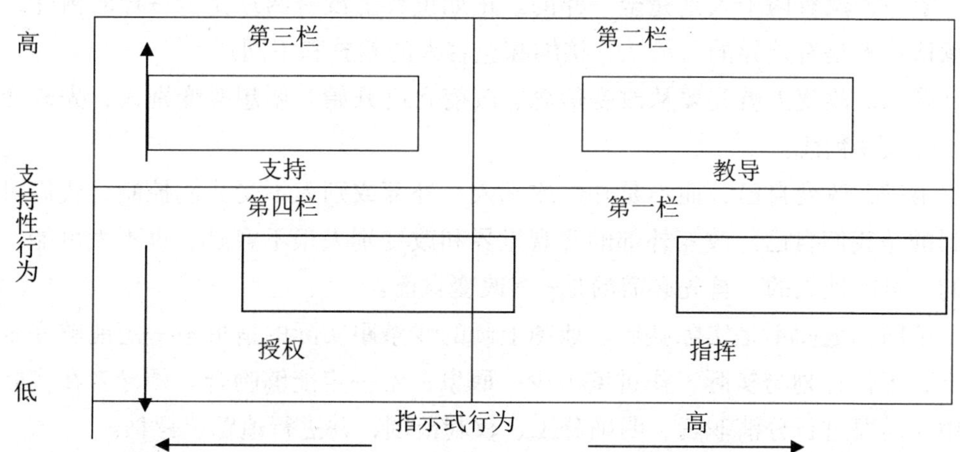

第四节　柔性领导力的修炼

一、柔性领导力内涵

新时代的管理方式正在发生重大的变化，传统强压式、指令式的管理方式已经过时，柔性、弹性的管理方式成为趋势，领导者日益需要柔性领导力的修炼。领导者在进行团队管理时，针对不同的成员、不同的事情、不同的状态，要因地制宜地采取适宜的方式和方法，这就是柔性领导力。

佛教说："色就是空、空就是色"，说的是放下、守道。老子《道德经》里讲"上善若水"，提倡水善水德，水很阴柔，但柔而不弱。道家文化讲阴阳平衡，阴阳五行太极理论。阴阳理论讲系统性、平衡性、多元性和共生性，认为：任何事物都是一分为二，保持平衡、共生共存，相互影响但不可以相互替代，而且一定是多元存在的。所以，在团队领导者管理团队时，要讲究因人而异、因地制宜、因材施教、应时而动、因势利导，面对不同的人、不同的事，领导者采取的方式、方法一定要不一样。

二、柔性领导力法则

著名的应用心理学——NLP 神经语言程式学，结合到团队领导力技巧，可以归纳出柔性领导力的基本法则。

第一，没有两个人是完全一样的。正如世界上没有两片完全一样的树叶，必须承认：人是有差异的，承认、接纳和包容人的差异和不同。

第二，改变人首先要从改变信念、改变自己开始。要想改变别人，先改变自己，先改变信念。

第三，改变自己，而不是外部或别人。外部或别人不受我们控制，我们可以控制的是我们自己。改变外部的客观世界和改变别人很不容易、也不太可能，容易的、可能性大的、首先必需的是——改变自己。

第四，地图不是实际疆域。地图上画的线条跟实际的情形不一定能够完全对得上，工作计划与实际工作进度不少一回事，不一定能够吻合。领导者在实际工作中，需要进行分清职责、明确分工、权利范围，并进行追踪、评估。

第五，有选择就是有能力，选择大过努力。什么叫领导者？什么是一个员工的能力？那就是如果出现问题了，他有更多的选择能力、有多个解决问题的方案，他有这种能力去解决问题。

第六，有效果胜过有道理。没有必要停止在那里，争论谁的对错、谁有责任、谁更有道理，而是检查是否有效果，解决实际问题的效果。

第七，凡事解决皆有三个以上的方法。任何问题和困难都应该要有三个解决以上的方案，办法总比困难多。

第八，唯有平衡才能持久。当然平衡也是相对的，运动才是绝对的。保持平衡到被打破，达到新的平衡再被打破，平衡总是处在动态的微调之中，这样才能达成领导者的柔性领导。

三、培养柔性领导力

那怎么能够去培养去修炼自己的柔性领导力呢？我们给出如下一些建议：

第一，聆听内在的声音，呈现真实的自己，构建三赢的关系：我赢、他赢、你赢，大家都要赢，多赢和三赢。

第二，祈祷共同的愿景，建立一个团队共同愿景、共同的梦想。

第三，弘扬上善的亲和，上善若水，彼此之间有亲和、有信任和支持。

第四，促进大家的行动，树立榜样的力量，带领和驱动大家一起共同行动，并保持永无止息的创新，不断地自我突破。

第五，一定要保持创新。不能保守、自我满足、守成守旧，停留在原来成功的地方，守住原来的老传统，满足于在原来的功绩上，陶醉与过去的成功和经验。不保持创新的心态，若不一步一步地提升和自我突破，只能是等待坠入深渊、自取灭亡。

聆听内在的心声
呈现真实的自己
建构三赢的关系
祈祷共同的愿景
弘扬上善的亲和
促进他人的行动
永不止息的创新

四、柔性领导力的前提假设

领导者在培养、修炼自身柔性领导力时，需要有一些假设和前提：

第一，宇宙一切万物的终极本义都是善的出发点。

第二，身和心是同一个身体系统的两个重要部分。

第三，每个人都能够使自己达到既快乐又成功的平衡。

第四，万物都会自觉选择符合他自己最佳利益的行为。

第五，系统当中最灵活的部分，往往最关键、最能影响大局。

第六，行为没有效果或者造成错误和损失，他的动机、出发点和情感其实是好的，只是细节还需要调整，可以选择更合适的时机和方法。善良的动机也会造成伤害和恶果。

第七，重复旧的做法，只能再次得到旧的结果，所以我们需要不断地进行创新和探索，不断地自我突破。

五、一分钟管理法

柔性领导力需要融合在领导者的日常管理工作之中，结合一分钟经理人技法，形成简单、明了、高效的管理方式：一分钟管理法。一共有八个步骤：

1. 一分钟昨日总结。总结前一天工作得失，记录昨天的遗留延期工作。

2. 一分钟个人陈述。本人和下属用书面和口头陈述今天的工作目标和计划。

3. 一分钟当众赞美。深入工作现场，收集动态信息，及时当众表扬好行为。

4. 一分钟私下交流。针对个人问题或敏感信息，寻找适当时机私下沟通。

5. 一分钟关门批评。针对个人错误进行关门批评、改进承诺，并警示大家。

6. 一分钟自我检查。随时检查今天的重点工作进度和目标达成，克服干扰。

7. 一分钟尽情激励。对成员一天的良好表现进行物质奖励和精神荣誉鼓励。

8. 一分钟自我醒悟。检讨今天的工作计划和目标达成，反省失误和不足。

作为一个团队领导者，可以把一天整体的管理行为做一个排序，从总结、反思、思考到陈述今天的目标计划，再到恰当的批评和交流，一直到自我检讨和表扬鼓励等等，一天的工作形成一个自我目标计划的封闭循环。一分钟管理法的柔性领导力，值得大家在工作中去学习和实践。

六、卓越领导人的处方

卓越的团队领导人能体现出强大的领导力，有十二个处方供大家参考：

1. 帮助每位伙伴选择自己喜欢热爱的工作。

2. 帮助每位伙伴进行人生和职业生涯规划。

3. 为每位伙伴提供良好的工作环境和条件。

4. 帮助每位伙伴设定工作目标和工作计划。

5. 当伙伴表现出色时立即予以赞赏和表扬。

6. 关心伙伴的心理情绪和态度，而不仅仅是业绩。

7. 建立主动积极和创造价值的团队文化。

8. 尊重每位伙伴的个人尊严和工作价值。

9. 商讨和制定共同的目标、使命和价值观。

10. 鼓励相互信任、相亲相爱和支持沟通。

11. 定期指导提升伙伴，讨论其职业发展。

12. 关注每位伙伴的成长，不断的持续改进。

请大家思考：团队领导人日常管理的着眼点和关注点主要在哪里？是工作任务的达成，还是下属个人价值的成长？从以上卓越领导人的十二个处方可以看出，领导人的聚焦点不仅仅是团队目标和绩效的达成，更加注重的是每一个下属、每一个员工的个人价值提升和成长。只要每一个下属的个人价值能够得到提升和成长，同时他的心理、情绪、使命感以及个人目标和梦想都能够达成，我们相信团队的绩效一定是可以达成的。这样的团队才是一个优秀的团队，这样的领导者才是一个优秀、卓越的团队领导人。

第五节　卓越领导人之道

一、领导人的核心职责

作为团队的核心领导者，尤其是高层领导者，他的主要职责、核心职责是什么？具体应该做哪些事情？联想的柳传志曾经总结了领导人的主要职责，一共有四句话：定方略、建班子、定制度、带队伍。

第一，定方略。就是制定战略发展方向。

第二，建班子、搭班子。就是要形成一个领导班子，要有一个核心的领导团队。最高层的领导者不一定什么都懂，在核心团队里得要有懂行的专家，各个类别、专业技术方面的专家，这样可以优势互补、取长补短。

第三，定制度。约定规章制度，制定分配和激励机制，拟订行为规则，要有适当的规则和规范，有什么样的机制和规则，就能形成什么样的结果。

第四，带队伍。你要塑造一支有战斗力的干部和员工队伍，培养人才梯队，培育后备干部，形成一个有共同目标、有共同价值观、有战斗力的高效团队。这是领导人的核心职责：定方略、建班子、定制度、带队伍。

二、领导人的三件事

汇总团队领导人的日常工作，实际上就是做三类事。哪三类事情？三个字：制、事、人。制是制度；事是事情、工作任务和目标；人是人员、员工。具体来说就是：管理的是制度，执行的是事情、目标，带领的是人才。

作为团队领导者，管理工作到底在管什么？是在管“事”——绩效和目标达成，即确保工作任务和目标按期达成。管理工作需要建立在什么基础之上？需要建立在“制”——制度、规范和规则之上。工作任务目标通过谁来做？通过“人”来做。

所以，卓越的领导人可能需要每天、每周、每月、每年都应该去把三类事做好：制、事、人，拟定制度流程规则，完成工作任务目标，把人员队伍带好。

第一，领导者针对“人”应该怎么办？要进行思想观念的引导和灌输，树立正确的价值观，能够使他欣然接受、达成共识，激发他的内在潜力，让他有一个健康、正确的想法和策动。

第二，针对“事”应该怎么办？对事情（任务目标和职责），要敢于负责，坚持到底，解决问题，相信一切皆有可能。领导者和员工都需要有一个健康的行为和良好的心态。

第三，针对“制”应该怎么办？关于制度和规则，需要坚决拥护、自觉维护，能够贯彻落实和塑造出巨大的组织能量。一个组织、团队能否有战斗力、发挥出作用和能量，必然跟机制、规则和规章制度有密切关系。所以，团队的规则能够执行到位，机制规则要健康、合理和科学，不合理的规则制度难以贯彻执行，只会阻碍组织发展和团队绩效的达成。

三、领导人的三大能力

卓越的团队领导人需要培养三个方面的能力：

第一，理解并掌握领导者的权责和职责之间的功能。岗位五要素：职、责、权、利、罚。职是工作任务和工作范围；责是需要承担的责任；权是拥有的权力和资源；利是完成任务后给予一定的利益奖励；罚是完不成任务要接受一定的惩罚。岗位五要素一定要一一对应，同步发展。

第二，了解和掌握市场环境、客户的脉动变化。企业经营管理工作是在围绕什么？一切都在瞄准谁？应该瞄准客户、盯住市场，一切以客户为导向，想方设法了解客户的需求和隐藏需求。市场和客户是企业最最关键的资源，企业应该以市场为导向。

第三，了解和掌握企业能够整合的巨大能量。企业自身拥有哪些核心资源？如何加以整合外部资源？如果企业缺乏某些资源，但外部环境具有这些资源，能否进行整合外部资源，来达成企业的目标，达到双方、多方共赢的目标。其实，最重要的资源就是人的资源、人才的资源，我们需要人尽其才，把合适的人放在合适的岗位上，创造出最大化的价值。

四、管理与领导

管理的文字组合就是管和理。“管”做什么？设计出一套合理的游戏规则并执行到位，叫棋盘定律，首先要设计、约定好游戏规则。“理”做什么？运用游戏规则把企业的内外部资源进行有序整合和串联，从而提高管理效率和经营效益，达成企业的战略目标。

领导者进行团队管理工作的实质是做什么？是做建设者，即建设飞机跑道。把机场跑道（运行规则、游戏规则）建设（修）好，再让员工每个人在规则（跑道）上面顺利有效地做事，从而达成团队的绩效，这就是领导者的内在价值。

领导与管理的内涵和对象都有所不同。管理的对象是针对事，即工作任务和运行规则，领导的对象是针对人，即人的心理、情绪和感受，员工个人的价值成长。领导的“领”是引领者、启航者、带动者和以身作则，“导”是教导者，进行疏导、开导、传承引导，以心待人。领导者的作用就是凝聚共识、整合力量。简而言之，管理更多的是针对事（硬的要素），领导更多的是针对人（软的要）。

五、卓越领导人三大特征

卓越的领导人一定会有三大特征。第一，个人的信念、思想坚定不移。第二，执事（执行做事）讲究方法和技巧。第三，不达目的誓不罢休。

比如，西天取经的唐僧是否符合卓越领导人的三大特征？在专业技术上来说，唐僧是肉眼凡胎，武功不强，好像不能打妖怪，没有特别强的能力。但是，一是他要西天取经的信念坚定不移；二是他讲究做事、处理团队问题的方法和技巧，该严格的严格，该妥协的妥协；三是不到西天取得真经，他决不罢休、绝不放弃。由此可见，唐僧是一位卓越的领导人。

卓越的领导人常常善于卖给员工一些“健康的补品”，成为下属员工健康补品的供应站，即给员工输入正确的信念、精神、思想、文化和远见等等，成为精神领袖和信念的样板。领导人就是团队成员的精神支柱和力量的源泉。卓越的领导者应该与员工分享信息、分享利益，随时准备成为团队领头雁，带着大家一起高飞。领导者的成功更大程度上是决定于他领导团队的成功，而不仅仅局限于他个人的成功。领导者的个人素质高、管理能力强，该如何体现呢？那就是他所带领的团队能够取得整体成功，团队价值与个人价值高度统一。

六、领导人的核心关键

领导人核心之一：制、事、人的三个关键，首先要拟定好制度和规则，然后明确工作目标和计划，再把工作任务落实到具体人的身上，责任到人。

领导人核心之二：要建立企业文化，建立我们的核心竞争力和团队的荣誉感。这才是我们团队管理领导人的第一政策。

领导者核心之三：持续创造明星，而不仅仅是领导自己当明星。领导者是明星，能够光芒四射还不够，应该是培养骨干员工成为明星，达到众星拱月、群星璀璨的效果。

领导人核心之四：营造良好的工作环境，包括硬环境和软环境。就好像是建造一个良好的飞机跑道，其实就是设计一个很好的机制和规则，给予下属员工不断成长和飞腾的机会。

总之，卓越的领导人就是做大事、成大业、有远见、大格局，恭祝各位都能够成为卓越的领导人。